엄마의
고자질 노트

엄마의 고자질 노트

초판 1쇄 인쇄 _ 2020년 9월 10일
초판 1쇄 발행 _ 2020년 9월 15일

지은이 _ 장정민

펴낸곳 _ 바이북스
펴낸이 _ 윤옥초
책임 편집 _ 김태윤
책임 디자인 _ 이민영

ISBN _ 979-11-5877-190-4 03190

등록 _ 2005. 7. 12 | 제 313-2005-000148호

서울시 영등포구 선유로49길 23 아이에스비즈타워2차 1005호
편집 02)333-0812 | 마케팅 02)333-9918 | 팩스 02)333-9960
이메일 postmaster@bybooks.co.kr
홈페이지 www.bybooks.co.kr

책값은 뒤표지에 있습니다.
책으로 아름다운 세상을 만듭니다. ― 바이북스

미래를 함께 꿈꿀 작가님의 참신한 아이디어나 원고를 기다립니다.
이메일로 접수한 원고는 검토 후 연락드리겠습니다.

육아 극복 글쓰기

엄마의
고자질 노트

장정민 지음

바이북스
ByBooks

들어가는 글

결혼하기 전, 어린이집과 유치원에서 근무하였습니다. 수많은 아이를 만났지요. 그래서 비슷하지 않을까 짐작했습니다. 엄마가 되는 그 일이 두렵지만은 않았던 이유였지요. 어쨌든 똑같이 '길러내는 일'이라고 생각했으니까요.

교사로서 아이들과 만나 생활하는 것과 부모로서 제 자식을 길러내는 일은 표면적으로 보았을 땐 비슷해 보일지 모르지만, 노동의 강도, 감정 소모의 정도는 분명히 다르더군요. 물론 교사의 노고를 가벼이 여기는 것은 아닙니다. 단지 제 자식을 길러내는 일이 생각보다 쉽지 않다는 것을, 아니 상상보다 훨씬 고된 일이었다는 것을 두 아들을 키우며 절절히 느꼈습니다. 스무 명이 넘는 아이들과 지낸 적도 있었는데, 고작 두 명의 아이에게 이토록 절절매게 될 줄이야!

어쩌면 '제 자식을 길러내는 일'이기 때문일지도 모르겠습니다.

출퇴근 시간도 없이, 월급도 휴일도 없이, 누군가로부터 전해 듣는 감사의 인사 같은 것도 없이 무조건 희생을 해야 하는 것이 '엄마의 일'이더군요.

물론 엄마가 될 수 있다는 것이, 엄마로 살아갈 수 있다는 것이,

귀한 이 두 생명이 나를 엄마로 선택해 주었다는 것이 황홀하게 행복하고, 눈물겹게 고마울 때도 있습니다. 엄마가 되지 않았더라면 절대 느낄 수 없는 눈부시게 아름다운 감정에 허우적거리며 기뻐할 때도 있습니다. 하지만 엄마라는 이유 하나만으로 눈물겹게 힘든 날도 있더군요. 평소엔 감사하게만 느꼈던 부모로서 책임감과 사명감이 어느 날 문득, 내 숨통을 틀어막을 때도 있었습니다. 좋은 날만큼 힘든 날이, 기쁜 날만큼 슬픈 날이 엄마인 나를 기다리고 있었습니다.

엄마라는 새로운 삶은 기존에 쌓아놓았던 나라는 사람을 점차 흐릿하게 만들었습니다. 나를 조금씩 지워야만 아이를 기를 수 있다는 사실이 몸서리치게 놀라웠지만, 묵묵히 지울 수밖에요. 길러야 한다는 것 말곤 선택지가 없었으니까요.

나의 눈빛과 손길 속에서, 생각과 태도 안에서 자라는 아이에게 감정에 휘둘리는 저의 민낯을 몇 번이나 보여줬는지 모르겠습니다. 아직은 아무것도 모를 거라는 말로 스스로를 위로했지만, 결국엔 괴로워지고 말더군요. 나를 지워내는 것도 모자라 감정까지 숨겨야 하는구나 싶어 억울함이 솟구쳤지만, 조그마한 아이의 새근대는 숨결 앞에만 서면 억울함은 감쪽같이 사라지고, 죄책감과 자책 같은 것들만이 나에게 남더라고요.

엄마는 왜 미안해지고야 말까요. 여태껏 살아온 생을 아무리 탈탈 털어보아도 지금처럼 누군가를 위해 희생한 적도 사랑을 내어준 적도 없었는데 말이지요. 일상도 마음도 혼란스럽기만 했던 것은 사랑할수록 작아지는 나의 모습에 부당함을 느꼈기 때문인 것 같습니다.

시간, 정성, 노력, 돈…. 모든 걸 아이에게 내어주어도 아까운 건 없었지만 나라는 인간이 흐려지는 건 지켜만 보고 있을 순 없다는 생각이 번뜩 들었습니다.

6개월 된 아이 둘을 재워두고 책을 옆구리에 낀 채 독서 모임을 끈질기게 갔던 이유도, 아이가 낮잠을 자는 동안 필사적으로 책을 읽었던 이유도, 별거라고 없는 반복되는 일상을 남김없이 써댔던 이유도 지금 생각해 보면 나라는 인간에 대한 최소한의 예의 같은 것들이었구나 생각합니다. 오직 나에게 몰입할 수 있다는 것이 좋아 읽고 쓰기 시작했지요. 뭐라고 정확히 표현할 순 없지만, 기분과 생각이 맑아지더군요. 아, 나라는 인간이 다시금 선명해지고 있구나! 깨닫게 된 거지요.

소비와 폭식, 폭음과 같은 것에 몰입하는 시간을 오래도록 가지지 않아서 다행이라는 생각이 불현듯 듭니다. 한동안은 그런 것들로 자꾸만 거지 같아지는 기분을 풀곤 했었는데, 그것들은 야속하게도 유효기간은 짧고, 내성은 빨리도 생겼지요. 더 많이를 외치게 되더라니까요. 더 비싼 물건, 더 기름진 음식, 늘어가는 술병을 꽉 쥔 채 여태껏 살아왔다면 주객이 전도된 삶을 살았을지도 모르겠다는 오싹한 생각이 듭니다. 물건으로, 음식으로, 술로 흐려지는 나를 설명하기 위해 발버둥 치고 있었겠지요. 자의식은 아마 끝없이 추락했을 겁니다.

쓰디쓴 일상이 글로 정리되고 남겨지는 순간, 달콤한 무언가로 바뀐다는 것을 알게 되었지요. 아니 정확히 표현하자면 바뀐 것이 아니라 '발견된 것'이라고 해야겠네요.

호젓한 시간, 나의 하루를 가만히 쓰기 시작했더니 보이더라고요. 반짝반짝 빛나는 순간의 조각들이요. 아, 고된 줄로만 알았는데 저는 고된 것에만 집중하고 있었다는 것을 알게 된 것이지요.

한 걸음 물러서서 삶을 바라보니 이토록 달콤할 수도 없었구나! 깨달은 것이지요.

차분하게 하루를 돌아보고, 아이와 나의 일상을 기록하고, 지루하게 반복되는 일을 글로 정리했더니 '아! 살 만한 하루였구나!'로 마무리되더군요.

그때부터였던 것 같습니다. 쓰기를 생각하면 마음은 어김없이 환해졌습니다. 마치 우리 아이들이 막대사탕 하나에 어디에서도 보여

주지 않은 환한 미소를 짓는 것처럼 기쁨이 제 마음에 가득 차올랐습니다. 좋아하는 일이 생긴다는 것은 이토록 순수한 행위인 것이지요.

책상에만 앉으면 자유로움이 손끝까지 차올랐습니다. 자유로움 끝에서 나라는 인간은 선명해졌지요.

선명하다는 것. 나에 대한 모든 것과 직면한다는 뜻입니다. 숨기고 참고 버티며 견뎌내는 것이 아니라 바로 보고, 제대로 알고, 솔직해진 채 지금을 살아가는 것이었습니다.

비슷한 일상 속에 놓여 있지만 쓰기 전의 나와 쓰고 난 후의 나는 완전히 달랐습니다. 위로도, 공감도 나에 대해 제대로 알 때라야만 진정한 힘을 발휘할 수 있다는 것과 자신을 이해할 수 있는 사람만이 타인에게도 진심으로 너그러울 수 있다는 것을 깨달았지요.

달라진 시선으로부터 새로운 삶은 시작되었습니다. 새로운 시선은 아이와 나에게 한없이 다정하고 원 없이 포근했지요. 따스함과 평안함은 외부로부터 오는 것이 아니라 내 안에서부터 샘솟는다는 것을 절절히 깨닫게 되었습니다. 아이가 태어난 것이 내 삶에 혼란을 일으킨 건 사실이지만 그 혼란에서부터 벗어날지, 점점 더 혼란스러움에 휩쓸리며 살아갈지는 순전히 본인의 선택이라는 삶의 지혜를 배웠습니다.

쓸수록 '나'라는 인간은 선명해졌고, 그 선명함은 삶을 와락 끌어

안기에 충분한 힘을 내어주었습니다.

    거창한 무언가를 쓰지 않아도 괜찮습니다. 책을 내기 위한 집필 활동이 아니어도 상관없지요. 그저 내 마음 안의 찌꺼기를, 엄마이기 때문에 말 못 한 채 쌓아두었던 고약한 심술, 치사한 생각, 아쉬운 현실, 고단한 하루와 같은 것을 정면으로 직시한 채 가만히 적는 것입니다. 그 누구를 위한 일이 아닌, 오직 나를 위해서 말이지요.

    온종일 나 외의 것에 모든 것을 쏟아붓기만 하다가 온전히 '나'를 위해 자리에 앉는 겁니다. 그 자체로 위안이자 위로가 되어준다는 걸 분명히 느끼실 수 있을 겁니다.

    참으로 우스운 것은 앉을 땐 뒷골을 한 손으로 잡으며 앉았는데, 자리에서 일어날 땐 손을 툴툴 털고, 미소를 방긋 지으며 일어날 수 있었다는 것입니다. 슬픔으로 시작된 쓰기는 어느새 현실의 반짝임과 숨어 있는 행복을 찾는 것으로 끝나곤 했습니다. 발악이 발견되는 순간이었지요.

    〈고자질 노트〉라는 이름은 제가 사용하는 모든 메모장의 이름입니다. 어쩌다 지어진 메모장의 이름이 꽤 마음에 든다고 생각하는 이유는 육아하는 내내 고자질할 거리가 넘쳐나기 때문이지요.

    '저것들이 크면 다 보여 줄 거야!'

    '발뺌 못 하게 다 적어놓을 거야.'

이를 부득부득 갈면서 아이의 못 말리는 고집과 말썽을 적기도 하고, 나의 감정과 생각을 스치듯 메모해 두기도 하지요. 그리고 조용한 시간이 찾아오면 어김없이 노트를 펴서 쓰고 싶은 사건과 감정에 대해 글을 씁니다. 조각나 있던 단어들이 이어지고 붙여져 하나의 문장이 될 때 저는 큰 기쁨을 느끼곤 했습니다. 마구 적힌 단어들이 가지런한 문장으로 변할 때마다 못 말리는 희열감을 느꼈는데, 그것은 순간의 어지러운 감정이 잘 정돈되어 명확해졌기 때문입니다. '나도 모르는 내 마음'이 아니라 '누구보다 잘 아는 내 마음'을 하나씩 찾을 때마다 나라는 인간이 점점 좋아지기 시작했습니다.

더불어 '육아'도 귀하게 여겨지기 시작했습니다. 아이와의 시간을 비롯하여 지금 여기에 있는 모든 것이 애틋해진 것이지요.

마음을 토해낸다는 것이 이토록 값진 일이라는 깨달음은 어떠한 순간에도 어김없이 저를 책상 앞에 앉게 해주었습니다.

어느 시인이 그러더군요. 하늘나라에 가 계시는 엄마가 하루 휴가를 얻어 오신다면 아니, 단 5분 만이라도 올 수 있다면 얼른 엄마 품속으로 들어가 숨겨놓은 세상사 중 딱 한 가지 억울했던 그 일을 일러바치며 엉엉 울겠다고요. 가슴속에 맺힌 응어리, 풀지 못한 채 담아둔 그것을 엄마에게 일러바치며 마음을 풀겠다고요. 4살이 된 우리 아이가 틈만 나면 쪼르르 달려와 제 품에 안기던 모습이 떠오르더군요. 엄마 품에 안기어 위풍당당하게 친구를 향해 삿대질하는 그 모습이요. 믿음으로 당당한 삿대질. 엄마만큼은 내 편이라는 든든함. 속상한 마음을 끝내 풀어줄 것이라는, 아니 제 편에 서서 끝까지 자신의 말에 고개를 끄덕이며 들어줄 것이라는 확신에 찬 고자질.

엄마인 우리도 그러한 품이 필요하지 않을까요. 엄마의 말 못 할 고민과 걱정과 아픔과 슬픔 또는 아무리 말해도 또 말하고 싶은 기쁨과 즐거움, 설렘과 행복 같은 것을 하얀 종이가 고스란히, 너른 품으로 한없이, 무한히 들어줄 것입니다. 쓰기만 한다면 말이지요.

희미한 채로 살아가지 마세요. 내 감정과 생각을 선명히 써 내려가 보세요.

아이의 모든 순간과 나의 모든 감정이 문자로 가지런히 기록되는 순간, 알 수 없는 복잡함으로부터 자유를 얻을 수 있을 것입니다.

쓴다고 하루아침에 달라지는 건 아무것도 없지만 썼기 때문에 견뎌내는 삶이 아닌 지금, 이 순간을 소중히 여길 수 있는 인생을 살 수 있다는 것을 알아가면 좋겠습니다.

쓰면 쓸수록 선명해지는 자신과 만나길 진심으로 바랍니다.

고자질이 필요한 엄마들에게
장정민

차례

chapter 2

**발견!
엄마의
고자질
노트**

chapter 3

**엄마에게
꼭
필요한
것들이
있다**

chapter 4

함께
써 보지
않을래요?

chapter 1

발악과
발견 사이
글쓰기

발악과 발견 사이

아이가 태어나고 엄마로 살게 된 첫 일 년. 살려내기 위해, 또 살아내기 위해 틈만 나면 나는 발악을 했다. 어느 정도 힘듦은 예상했건만, 매 순간 기쁘지 않을 거란 걸 이미 알고 있었건만. 어쨌든 기뻐해 보자 다짐했건만. 그게 생각처럼, 다짐처럼, 마음처럼 되지 않더라고.

육아의 처절한 민낯을 보기까지는 긴 시간이 걸리지 않았다. 조리원에서 퇴소한 직후, 우리끼리 있기만을 기다렸다는 듯 아기는 본격적으로 울어대기 시작했다.

먹이고, 재우고, 씻기고, 놀아주기만 하면 되는 것이 육아가 아니었다. 어느 정도 힘들고, 어느 정도 괴로운 거로 엄마의 일은 끝나지 않았다.

나 대신 너를 먹여야 하고, 내 잠을 줄여 너를 재워야 하고, 나를 닦는 대신 너를 씻겨야 했다. 내 욕구를 줄여야만 너를 지켜낼 수 있었다. 내 시간을 고스란히 너에게 줘야지만, 너는 온전히 숨을 쉬고, 편안히 미소 짓고, 완전히 행복할 수 있었다.

'이건 보통 힘든 일이 아니구나.'

건강하게 아이를 키우는 일, 그거 하나에 나는 최선을 다해 치열해져야만 했다.

네가 살아야지 내가 살 수 있을 것 같으니 어쩔 수 없겠다고 생각했지만, 줘도 줘도 달라고 울어 재끼는 아이가 야속하고 미워지기도 했다.

누가 더 크게 우나 내기라도 하듯 우는 두 아이를 하나는 앞으로 안고, 또 하나는 뒤로 업고선 발을 동동 구르고, 몸을 좌우로 흔들며 '누구라도 좋으니 제발 한 명은 좀 자라'고 소리쳤던 순간.

이 새벽엔 닭도 안 울겠다며, 아무리 닭띠라지만 진짜 닭보다 더 닭 같은 것들이라고 혼자 속으로 구시렁대며 간신히 몸을 일으키고선 우는 아이를 한참이나 바라보기만 했던 기억.

돌아서면 먹고, 돌아서면 싸고, 돌아서면 우는 아기 때문에 정말 돌아버릴 것 같았던 나날들.

까르르 웃는 미소 한 번에, 그 미소 사이로 번져 나오는 아기 냄새 때문에, 조그마한 손으로 내 손가락을 꽉 감싸질 때 느껴지는 미치도록 따스한 온기 때문에 어질어질, 행복하기도 했지만, 뱅뱅 돌게 만드는 수많은 고난 때문에 휘청휘청, 흔들흔들 위태롭기도 했다.

아슬아슬했다. 발악과 평온, 그 사이의 틈은 너무나 컸으니까. 냉탕과 온탕을 급하게 바꾸다 보면 심장마비가 오기도 한다지. 금방 웃고 있었는데 눈 깜빡하는 사이 나는 울었다. 나조차 내 마음을 어쩌지 못해 머리채를 부여잡고 흔들어 재끼던, 오싹하게 슬픈 그 몸부림을 멈추게 해주었던 것은 다름 아닌 글쓰기였다.

고작 썼을 뿐인데, 그 결과는 고작으로 끝나지 않았다.

'발악의 순간'이 '발견의 기쁨'으로 변하는 놀라운 기적은 그렇게 시작되었다.

발악 속에서 그 어떤 발견도 하지 못했던 때, 나를 지탱해 주었던 것은 다름 아닌 '맥주'였다. 두 아이의 울음소리에 귀부터 머리까지 멍해지고, 온갖 시중으로 온몸이 녹초가 되었던 나는, 맥주만이 나의 구세주라 부르짖으며 부어라, 마셔라. 밤을 지새웠다.

아이가 잠들 때 같이 고꾸라져 잠잘 법도 했건만, 그 시절 그것만큼 억울한 일이 없더라고. 아이와 같이 잠을 자는 것은 찌꺼기처럼 남은 내 마지막 자유를 불 싸지르는 일이라도 되는 양, 졸린 두 눈을 꾸역꾸역 비벼댔다. 목구멍까지 차올라 있는 피로와 슬픔, 고됨과 짜증을 뻥 뚫어버리기라도 하는 것처럼, 하루를 끝맺는 대단한 의식이라도 되는 것처럼, 맥주를 성수처럼 내 몸 안으로 들이부었다.

그 순간만큼은 울음에서도, 가득 쌓인 기저귀에서도, 토와 트림

20

과 둘이 합치면 10번도 넘는 분유 셔틀에서도 해방되는 기분이었다. 그 시절 나에게 자유란, 곧 맥주였다.

밤새, 어디로 나갈 일 없는 남편을 옆에 두고 안심한 채 흥청망청 마셨던 것 같다. 물론 첫 시작은 딱 한 캔이었지만 어느 순간 나도 모르는 새 빈 캔이 하나, 둘, 셋. 늘어갔다.

수개월을 맥주로 밤을 채웠다. 내 육아의 숨은 공신. 만약 육아가 전쟁이라면 맥주는 무기였다. 그 무기 덕분에 육아 전쟁 속에서 살아남은 것이라고 여겼다. 하지만 결과적으론 그건 나의 착각이었다.

맥주로 육아를 버티겠다는 야심 찬 계획은 실패로 끝났다. 어느 날부턴가 정신이 몽롱해질 때까지, 밤이 깊고 깊어질 때까지 술을 마시지 않으면 잠이 오지 않았다. 육아에 힘을 실어주던 맥주가 육아를 더욱더 힘들게 만드는 주범이 되었다. 늘어가는 캔의 수만큼 다음날 일어나는 일이 힘들어졌다. 힘겹게 시작한 아침이 상쾌할 리 없다. 나보다 먼저 깨서 놀거나 혹은 울고 있는 아이가 반가울 리도 없다. 조금 더 자고 싶다고 생각하며 간신히 몸을 일으킨 엄마에겐 그 어떤 것도 해장이 되지 않는다. 심지어 막 일어나 기분 좋은 아이의 미소 띤 얼굴조차.

"더 자고 싶어. 아무것도 하기 싫어!"

아침부터 육아가 힘에 부쳤다. 저녁 늦게까지 먹은 탓에 속은 더 부룩했다. 늦은 오후까지 굶었다. 식사가 불규칙해졌다. 내 몸이 건

강했을 리 없다.

건강한 육체에 건강한 정신이 깃드는 법인데 나는 그러지 못했다.

의식조차 하지 않은 채 해 왔던 '쓰기'가 어쩌면 나의 돌파구가 될 수 있지 않을까 생각을 한 것은 맥주가 나의 필살기가 아니었다는 사실에 허무함을 느꼈던 그 순간 발견되었다.

맥주의 무상함을 깨달은 후, 헛헛한 마음을 달랠 길이 없어 블로그를 열었다.

블로그는 오래전부터 운영해 오던 것이었다. 괜히 주절거릴 데 없는 마음을 털어놓기 위해 딸깍, 블로그를 여는 순간 무언가 번뜩! 떠오른 것이 있었다.

'아! 나 되게 오래전부터 쓰고 있었구나?'

의식하지 않았지만 나는 늘 쓰고 있었다. 일기를 썼고, 블로그에 간간이 일상 글을 올렸다. 간혹 지인들에게 편지도 썼고, SNS에 사진과 함께 간단한 메모를 하기도 했다. 그러면서도 그것이 글쓰기라는 것은 인식하지 못했다.

'블로그를 하는 게 어려운 게 아니라 글을 쓰는 게 힘들어!'라는 지인의 말이, 내 무의식 속에 꼭꼭 숨어 있던 그 말이 슬그머니 의식 위로 올라왔다. 쓰기를 몸서리치게 싫어한 적은 없었던 것 같다. 한글도 다 뗐겠다, 영어처럼 문법 때문에 골머리 싸는 일도 없겠다, 그럼 글 쓰는 일로 스트레스를 받진 않겠구나? 싶었다. 마침 돌파구를 잃어서 헛헛했는데, 뭐라도 해보자며 시작한 것이 어느새 돌파구를 넘어서서 일상의 반짝임을 발견하게 만들어 주는 도구가 되었고, 꿈의 길목으로 나를 이끌어 준 안내자 역할을 해주었다.

누구 하나 죽어야 끝나는 전쟁과 육아는 어울리지 않는다는 걸 무기를 내려놓는 순간, 맥주라는 무기 대신 삶의 곳곳을 글로 채워 넣기 시작한 그 순간, 알게 되었다. 물론 매일 정신 없이 바쁜 날들이 이어지고 온갖 난리에 혼이 쏙 빠지기도 하며 건전지가 소진된 장난감처럼 아무것도 할 수 없게 될 때도 있었지만 지금 이 모든 순간은 '전쟁'이 아니라 성장을 위해 겪는 '성장통'이라 여기기로 마음먹었다.

아이들도 나도 지금 계속 자라는 중이라고. 키가 크는 그 시기의 아이가 흔히 겪는 뼈가 늘어나는 고통이 '신체의 성장통'이라면 엄마라는 역할에 적응하는 '나'와 세상에 적응하는 '아이'가 때때로 겪는 고통과 힘듦, 혹은 인내는 '사람됨의 성장통'이라고.

물론 인내와 고통 대부분은 어른인 내가 견뎌내야 했기에 자칫 불공평해 보이기도 하지만 몸의 크기를 비교해 보면 공평하다는 걸 금세 알아차리게 된다. 작은 감기에도 밤새 열이 나며 아픈 아이를 보면 '아, 이건 불공평한 게 아니구나. 아이 역시 자라기 위해 무척 애를 쓰고 있구나!' 깨닫게 된다.

그래도 가끔, 아니 때때로 닥치는 숱한 응어리에 마음이 성치 않은 날이면 달려간다. 나만의 돌파구로. 고작 쓰기가 돌파구라니 시시해 보일 수도 있을 테지. 하지만 써 본 자는 안다. 꽉 막힌 체기가 손을 따면 쑥 하고 내려가는 것마냥 글로 마음을 토해내는 순간, 응어리진 마음의 무게가 한결 가벼워진다는 것을.

두 아이의 시중에 몸과 마음이 무척 고달팠던 어느 날, 남편이 내 손을 잡아끌고 간 곳이 있다. 정말 괜찮아질 거라고 호언장담을 하며. 그곳은 다름 아닌 베란다였다.

"소리 한번 크게 질러봐. 그럼 속이 시원할 거야."

"아! 아!"

"그렇게 해서 스트레스가 풀리겠냐? 나 따라 해봐."

"씨 발~~~더럽게 힘드네!!!"

예상치 못한 남편의 고함에 웃음이 났다. 속 시원해 보이는 남편을 보고 있자니 나도 욕지거리 한바탕하고 싶었지만, 너무 오랫동안 쌍욕은 하지 않고 살았던 탓인지 차마 목구멍으로 욕이 나오지 않았다. 하지만 그날 내 일기장에 똑똑히 썼다.

'씨 발!!! 힘들어 죽겠네.'

나의 돌파구엔 뭐든 쓸 수 있다. 힘들다, 괴롭다, 화가 난다…. 그렇게 온통 내 안의 검은 덩어리를 쏟아 내다보면 어느샌가 예쁜 짓을 하는 아이의 모습 또한 쓰고 있는 나를 발견할 수 있다. 그렇게 반짝이는 기쁨을 하나씩 되찾곤 또다시 육아를 시작했다. 모래 더미 속에서 예쁜 보석을 발견한 것마냥.

반짝이는 순간을 소중히 간직한 채 울고 있는 아이를 바라보게 되면 이상하게도 짜증스럽거나 힘이 들지 않았다. 그 전날 썼기 때문이다. '울어줘서 고맙다. 세차게, 건강하게 울어줘서 정말 고맙다'라고.

육아는 높고, 험한 산인 줄로만 알았다. 고된 걸 알지만 매일 정상까지 가야만 하는 곳.

'저 높은 곳을 언제 또 오르나?'

출발하기 전부터 힘이 쭉 빠졌다. 힘이 빠진 채로 걷는 산행은 그야말로 곤욕이다. 땅만 보고 걷느라 산이 가진 아름다움을 하나도 보지 못한다. 정상에 가기 위해 그저 오르기만 했다. 산 속에 얼마나 많은 '귀함'이 자라고 있는지 미처 보지 못한 것이다.

산에는 든든하게 자라는 나무가 있다. 땅 곳곳에 새침하게 핀 야생화도 예쁘다. 푸른 산 덕분에 하늘은 더 아름답다. 가끔 부는 바람은 나의 땀을 식혀준다. 새들의 지저귐에 귀는 즐겁고 곤충들의 동행은 또 그 나름대로 반갑다. 산길을 오르는 건 여전히 힘이 들지만 가는 동안 내내 눈이 즐겁고, 귀가 행복하고 마음이 평화롭다.

쓰면서 알게 되었다. 마냥 힘들기만 한 게 육아가 아니라는 자명함과 내가 발견하려고 애를 쓸 때만 보이는 반짝거림이 있다는 사실을.

관점을 바꾸면 발견할 수 있는 삶의 귀중함이 무수히 많다는 걸 깨닫게 된다. 당연한 말이겠지만 내 마음이 편안하면 육아 또한 다정해진다. 아이와 나 사이의 빛은 다정함으로 인해 한결 따스해진다.

그러기 위해선 때때로 필요하다. 힘들고 속상할 때, 에너지를 충전할 수 있는 나만의 돌파구가 말이다. 산을 오르다 숨이 턱 하고 막힐 때면 가방 속에서 작은 자리를 하나 꺼내 잠시 쉬어가는 것처럼 일상을 살아가다 마음이 어지러울 때면 나의 몸과 마음을 누일 수 있는 공간이 꼭 하나는 필요하다.

나에게, 또 타인에게 해가 되지 않으면서 모든 걸 퍼부어 낼 수 있는 돌파구로 '쓰는 것'만큼 좋은 것이 또 어디 있을까. 더군다나 아이 때문에 당분간 두 발이 꽁꽁 묶인 '엄마'에겐 꽤 괜찮은 돌파구가 되어주지 않을까 싶다. 글을 쓰는 두 손은 분명 솟구치게 할 것이다. '진정한 자유'를, 그대에게.

애나 보고 있어서
자존감이 무너진 게 아니다

'어딘가 허전하고 중요한 무언가'가 빠진 것 같은 기분이 나를 괴롭히던 시절이 있었다. 모든 것이 내 뜻대로 다 이루어진 현재, 과연 무엇 때문에 마음 한구석이 헛헛한 걸까 싶어 고개를 갸우뚱거리던 시절이 있었다.

아이를 키운 지 일 년 반이 지났을 때쯤이었다.

'모든 것이 가득 찬, 이 시점에 왜 마음이 허전하고 공허할까.'

당혹스러웠다.

아내로, 엄마로 사는 삶을 무척이나 바라왔다. 결혼할 당시, 자영업을 하고 있었던 남편이 직장을 관두고 함께 일하지 않겠냐는 제안을 했을 때 내심 기쁘기까지 했다. 직장에 대한 미련보다는 안정적인 가정을 꾸려나가는 것이 내겐 훨씬 더 중요한 일이었다. 경력 단절 같은 건 하나도 아쉽지 않았다.

로맨틱하진 않지만 '다정한' 남편과 하나도 아닌 '두' 아이가 내 곁에 있다는 사실 하나만으로 내가 바라던 삶이 다 이루어진 것 같았다.

두 아이를 기르느라 현관 밖을 나갈 수조차 없을 때도, 아이 때문에 머리를 쥐어뜯는 고민에 빠질 때도 다시 직장으로 돌아가고 싶다는 생각을 한 적은 없다. 지금의 모습이 내가 바라던 삶에 더 가까웠으니까. 그런데 딱 일 년 반 만에 단단했던 마음이 자꾸만 흔들리기 시작했다.

'야, 이거 아니지 않냐?' 하고 말을 거는 것 같았다.

살면서 처음으로 '나'를 고민했다.

내 앞에 닥친 문제를 해결하기 위한 고민이 아닌 오직 '나'를 향한 내밀한 고민.

삶의 단계를 오르기 위한 걱정이 아닌 '내면의 나'를 들여다보기 위한 발버둥.

새벽 5시에 일어나기 시작했던 이유다.

"일을 다니면 괜찮아. 애가 돌이 지나면 일을 하고 싶다니까."

"집에서 애만 보면 다 그래. 얼마나 답답한데. 차라리 일하는 게 낫지."

'일'을 하면 괜찮을 거라는 선배 엄마들의 조언에 한동안 깊은 고민에 빠지기도 했지만, 그 당시에 나는 '일' 때문에 마음이 공허한 것이 아닌 것만 같았다.

예전에 다니던 직장에 돌아가는 상상을 아무리 해보아도 마음이 설레지 않았으니까.

물론 멋지게 복귀에 성공한 친구를 보고 있노라면 내심 부럽기도 했는데, 그건 어디까지나 친구의 환한 미소, 설레는 그 마음이 탐났던 것이었다.

아침형 인간으로 살아보겠다고 다짐을 한 이유는 낯선 경험이 필요했기 때문이었다. 매일 똑같이 반복되는 일상이 아닌, 신선하고 새로운 무언가를 강렬하게 바랐던 거다.

그 당시 읽고 있던 자기계발서에 온통 '새벽 기상'을 이야기하니, 뭔지 몰라도 한번 해보자 싶었는데 순전히 태어나서 한 번도 해보지 않은 시도였기 때문이었다. 새벽에 일어나서 뭘 해야 할까 같은 생각은 하나도 하지 않고 무작정 5시에 일어나겠다는 선전포고만 남편에게 했다.

"네가? 진짜? 할 수 있으면 해 봐라."

불신 가득한 대답을 듣고 난 다음날부터 5시만 되면 몸을 벌떡 일으켜 세웠다. 학창 시절부터 직장을 다니던 순간까지 아침잠 때문에 애를 먹은 적이 한두 번이 아닌데. 여태 새벽형 인간은 아니라고만 생각하며 살아왔는데. 새벽에 눈을 뜨기 시작한 것이다. 누구의 도움도 없이.

남편은 무척이나 놀라워했다. 그럴 만도 할 테지. 나 자신도 놀라웠는걸. 답답하다고 느낀 만큼 간절히 바랐던 것 같다. 무엇을 답답해하고, 뭐가 간절한지는 잘 모르겠지만 어쨌든 필요하다는 것은 직감했다. 변화가. 내면의 변화가.

일 년 정도 생애 가장 치열한 새벽을 보냈던 것 같다. 요즘도 늦게 일어났다 싶으면 6시 반 정도니, 예전처럼 치열하진 않아도 그때의 습관이 여전히 조금은 남아 있다.

한동안은 내내 '나'에 대한 고민을 했다. 5시에 일어나 책상 앞에 가만히 앉아 있다가, 책도 좀 읽고, 그러다 또 멍하니 '나는 앞으로 어떻게 살면 좋을까?' 같은 고민을 한 것이다.

어떻게 살면 스스로 '옳다'고 생각하는 삶을 만들 수 있을까.

나는 과연 무엇을 가장 하고 싶은 걸까.

삶에 의미가 있어야 한다면, 난 내 삶을 어떤 의미로 채우고 싶은 걸까.

그렇게 하나씩 나를 향한 질문을 시작했던 것이다. 완벽한 확신이란 없겠지만 나를, 내 삶을 믿고 싶어졌다. 그것은 나의 정체성을 찾는 것임과 동시에 나를 존중하는 일이었다는 걸 한참이 지난 뒤에 깨달았다.

아이 둘을 기르느라 몸과 마음이 초췌하고 푸석해졌을 때도, 맥주를 마시다 말고 글쓰기로 돌파구를 갈아치워 버린 순간에도, 바닥 치지 않았던 나의 자존감이 삶에 확신 같은 것이 전혀 없다는 것을 깨달은 순간, 무너졌다.

왜 그토록 확신 같은 것에 목을 맨지는 잘 모르겠다. 애 둘 키우는 것만으로 바쁜 그 시점에 나는 왜 나를 달달 볶으며 괴롭힌 것일까.

나에 대한 고민, 내 삶에 대한 치열한 방황 같은 건 사춘기에 끝냈어야 했는데, 그 시절을 밋밋하게 보냈기 때문인 것 같기도 하고, 아이에게 이것저것 다 빼앗기고 나서야 비로소 나의 민낯을, 도대체 알맹이라곤 없는 나에 대해 알게 된 것 같기도 하고. 아니면 본능적으로 느낀 걸 수도 있다. 지금보다 더 나은 엄마가 되려면 지금 이 상태론 안된다는 것을.

사람이 살면서 한 번은 제대로 된 사춘기를 겪는다고 하니, 내겐 아마 그 시절이 딱 사춘기였지 싶다. 조금 일찍 나에 대해 고민을 해야 했는데 싶은 아쉬움이 들었지만, 또 30대에 겪는 사춘기는 그 나름대로 나쁘지 않았다. 방황은 했지만, 반항은 하지 않을 만큼 성숙한 나이었으니까.

엄마 탓, 학교 탓, 선생님 탓, 세상 탓, 친구 탓 같은 '남 탓'을 하며 어린 마음으로 긴 시간을 보내기 보단 '내 탓이로다'를 빠르게 깨닫고, 그 문제를 해결하기 위해 내 안을 면밀하게 들여다볼 수 있는 어른의 마음을 가지고 있었으니까. 남 탓이 아닌 내 탓을 하는 인간은 불평하기보단 일어나 행동한다고 하지 않던가. '전에 없던 새벽 기상'은 그렇게 내 탓으로 시작된 낯선 도전 중 하나였던 것이다.

자존감이 무너지고, 나에 대한 신뢰를 잃은 후 어그러진 관계를 회복해야만 했다. 나와의 관계를 다시 단단하게 세워 올려야만 했다. 여태껏 쌓아 올린 나의 세계가 와르르 무너지고 난 후, 삶에 대한 태도나 시선, 관점 혹은 옳다고 생각했던 신념까지 모두 다, 다시 쌓기로 마음먹었다.

사실, 그 전엔 딱히 뭐라고 내세울 만큼 확고한 무언가가 없었던 것 같기도 하다. 내가 인정할 수 있는 삶. 내가 신뢰할 수 있는 나로 삶을 살아가고 싶어졌다.

'의미 있는 삶'을 살아가겠다는 결심을 하고 난 뒤, 공허하다고 생각했던 마음이 조금씩 채워졌다.

'아이만 키우는' 삶이 아니라 '나도 성장하는 삶'을 살아가겠다는 다짐 하나에 육아를 대하는 나의 태도는 완전히 달라졌다. 한결 자유로워진 것 같았다. '아이 때문에'라는 말을 나를 굴복시킬 때 사용하지 않기로 했다. 아주 사소한 일일지라도 할 수 있는 일이 있다는 것에 초점을 맞추기로 했다. '오늘은 좋아하는 음악 한 곡 듣기', 혹은 '단 10분일지라도 산책하기'와 같이.

진정한 자유란 자신을 통제하는 힘이 뒷받침될 때 비로소 맛볼 수 있는 달콤함이라더니. 나의 삶을 이끌어 갈 수 있는 집요한 힘을 가질 때, 원하는 모습으로 삶을 빚어내기 위해 자신을 다잡을 수 있을 때 독립성과 주체성은 샘솟는다.

자신만의 확실한 기준으로 움직이기 위해서, 그 기준이 타인이나 상황에 쉽게 흔들리거나 무너지지 않기 위해서, 분명히 깃들어 있어야 하는 것이 있는데 바로 '삶의 의미'와 '나다움' 같은 것이다.

내 의지로, 신념으로 결정한 선택이라는 점이 삶을 단단하게 지탱해 준다. 비록 실패나 좌절에 무너질 때도 있겠지만 방관하거나 방치해 두지 않는다. 자신만의 의미가 있는 삶을 살아가는 이에겐 성심껏 삶을 돌보고, 다정히 자신을 다독여 줄 수 있는 힘이 내재되어 있다.

나의 선택이 실패로 끝날지라도 실패로만 보지 않을 것.

덕분에 찾은 보완점들을 채워나가며 계속해서 나에게 결정권을 주는 삶을 살아갈 것.

무너질 것이 겁나 아무것도 하지 않으면서 투덜대고 있지만 말 것.

선택해야 할 상황에선 한 가지 확실한 기준을 가질 것.

아이와 남편에겐 존재 자체에 기쁨을 느낄 것. 그것은 결국 의존하지 않겠다는 것. 스스로 당당하게 살아가는 방법을 찾을 것.

이 모든 것들은 더 나은 내가 되기 위해 노력하겠다는 뜻이기도 했다. 선택의 기로에 서게 될 때마다 내세운 확실한 기준은 바로 '성장'이었다.

그렇게 나는 '성장하는 삶'을 살아가겠다고 다짐했다. '나로서의 나'가 성장한다면 '엄마, 아내, 타인으로서의 나' 역시 자연스레 성장할 것이라는 믿음을 갖기로 했고, 그건 전에 없던 나를 향한 신뢰이자, 자기애의 시작이었다.

애나 보고 있어서 자존감이 무너진 것이 아니다. 애'만' 키우고 있으니, 하루 24시간 내내 아이만 바라보고 있으니 내 안에 균형이 와르르 무너져 버린 것이다. 아이가 태어나고 몇 년은 아이에게 내 모든 것을 내어주어야 하는 시절임은 분명하다. 하지만 그 모든 것 안에 나라는 인간의 존재 가치까지 포함시켜 버렸으니 결국 나는 텅 빈 채 덩그러니, 외로울 수밖에.

아이는 자랄수록 자유를 원하는데 나는 아이를 통해서만 나의 쓸모를 증명해 왔으니, 이젠 어쩌나 싶어 좌절할 수밖에.

그저 엄마가 되는 것이 끝이 아니었다는 걸, 엄마라는 역할이 나의 모든 것이 될 수 없다는 걸 깨닫고 난 후 내 무너진 자존감의 원인은 '엄마'이기 때문이 아니라 '나'가 없기 때문이라는 것을 완전히 깨달을 수 있었다.

어떤 엄마가 되고 싶은 것일까.

어떤 인간으로 살아가고 싶은 것일까.

나는 나에게 도대체 무엇이 궁금한 것일까.

공허해진 마음을 다시 채울 수 있는 길은 물음에 대한 답을 찾는 것.

무너진 나와의 관계를 회복하기로 했다. 내 삶의 균형을 맞추며 살아가기 위해 노력하겠노라 결심했다. 그것은 결국 그 누구도 아넌 나로서 우선 우뚝 서겠다는 의지였다.

'쓰기로 작정'한 이유다.

타인과의 관계를 회복하기 위해서 사용하는 방법 중 하나가 바로 '쓰는' 일이지 않은가. 오해로 얽힌 관계를 풀기 위해, 차마 말로 하지 못한 내 감정을 전하기 위해, 싱그러운 고백으로 너와 나 사이를 따스하게 데우기 위해, 하얀 종이 위에 온 마음을 쏟곤 했다.

나와의 관계를 회복하는 일이라고 뭐 다를까. 빈 종이 위에 '내가 가장 좋아하는 일' '잘하는 일' '나의 장단점' '나의 꿈'과 같은 질문을 적어놓고 한참을 째려보는 일로 아침을 시작했다. 아무리 생각해도 도무지 떠오르지 않아 며칠을 아니 한 주가 꼬박 지나도록 빈 칸 그대로 노트를 덮은 적도 있었다.

이쯤 되니 취향이 확실한 사람이 부러웠다. 내가 뭘 좋아하는지, 무엇을 싫어하는지. 좋아하는 색깔이 무엇인지, 인생 영화나 가수, 음악을 줄줄 이야기하는 이가 달리 보였다.

그날의 기분에 따라 질문에 대한 대답이 달라질 수 있을지 몰라도 적어도 취향이 확실한 이들은 자신만의 기준이 있으니까.

나에 대해 써 내려가는 일은 나만의 세계에 나를 가두는 일이 아니다. 오히려 바깥으로 나를 끌어내 주는 일이었다. 내가 가진 단점을 보완하기 위해 고민하고 장점을 극대화하려고 노력하는 것.

그저 주어진 삶에 아무런 의심 없이 만족하기보다는 지금 이대로 사는 삶이 내가 가장 원하는 것인지 자꾸만 캐물어 보는 것.

어떠한 인생을 살고 싶으며 그러기 위해 내가 할 수 있는 일이 무엇이 있는지 고민해 보는 이 모든 일은 결국 나 스스로에 대한 존중이었으며 나다움의 시작이었다.

취향이 있는 삶을 살고 있지만, 그래서 꿈이라는 몽글몽글한 말을 마음 깊숙이 품고 살게 되었지만, 내가 걷는 꿈길은 구불구불, 울퉁불퉁 여전히 힘들다. 하지만 신기하게도 삶은 점점 선명해지고 있다. 어디로 가고 싶은지 그 목적지가 분명하니까. 물론 내가 원하는 목적지에 다다를 수 있다는 확실함 같은 건 없다. 하지만 불안하지도 않다. 어쨌든 '움직여보는 것'의 가치를 이젠 알고 있으니까.

미처 내가 원하는 지점까지 나를 이끌고 가지 못했다 하더라도 후회는 하지 않을 것이다.

왜냐하면, 모든 것을 내가 선택했기 때문에. 주변의 시선이나 요구가 아닌 '나의 기준'으로 정한 길이였다는 것은 그런 의미로 굉장히 중요한 것이다.

인생을 행복하게 살아가기 위해선 그 무엇보다 '주체성'이 확립되어야 하는 이유다.

《꽃들에게 희망을》이라는 책을 보면 수많은 애벌레가 영문도 모른 채 다른 애벌레를 따라 '애벌레 산'을 오르는 장면이 나온다. 자신이 어디로 가는지도 모른 채, 무엇을 위해 가는 것인지에 관한 생각 한번 없이. 하지만 무척 열심히 오르고, 또 오른다.

'저 산 위엔 무엇이 있을까?' 자신이 가고 있는 길에 한 치의 의심 같은 건 하지 않는다. 애벌레 산의 정상에 오른 애벌레들은 비로소 깨닫는다. 그곳엔 아무것도 없음을.

자신의 내면을 향한 진실한 고민이 없다면 결국 '아무것도 없는' 공허한 산을 오르게 되지 않을까.

'나다움'이라는 말. 무수히 많은 책에 적힌 뻔하고, 식상한 그 말의 의미를 조금은 알 것 같다.

'나다움'. 그것은 결국 내가 원하는 삶에 대해 적어도 그 순간만큼은 확신할 수 있는 것이 아닐까. 비록 세월이 지난 뒤 '이건 나다운 삶이 아닐지도 모르겠어!'라는 회의가 들지라도 살아가는 순간만큼은 나 자신을 신뢰할 수 있는 삶. 그 신뢰를 바탕으로 내 인생에 주체적일 수 있는 삶. 그 누구의 탓도 아닌 나 자신의 선택으로 이루어진 삶의 합. 그사이에 베여있는 떳떳함, 자부심, 자기존중과 인정 같은 것은 결국 나를 더욱 사랑하게 하는 힘이 되어줄 것이다. 넘어져도, 실패해도 '괜찮아, 걱정 마'라고 말해줄 수 있는 용기가 되어줄 것이다. '좋은 엄마'는 결국엔 '좋은 나'가 되는 것에서부터 시작된다.

인내의 탄생

"하, 물구나무선 채로 온종일 사는 기분이야."

"손이 하나라도 더 있어야 뭐라도 할 텐데. 돌아버리겠네."

정말 돌아버릴 것 같았다. 아이 둘을 동시에 키우는 일은 하루에 수십 번 돌아버릴 것 같은 순간과 맞닥뜨리는 일이었다. 손이 두 개인 채 살아가는 스스로가 원망스러웠다. 한 손에 한 명씩 아이를 꾸역꾸역 안으면 더는 그 무엇도 할 수 없었다. 좁은 뱃속에서 아홉 달을 잘 버텨준, 그래서 건강하게 태어나준 두 아이에게 '왜 둘이 한꺼번에 태어난 거니!'라는 원망은 차마 할 수가 없었기 때문에 손이 두 개뿐인 나를 질책했다.

'하, 왜 나는 손이 두 개밖에 없는 거야.'

인내가 필요했다. 용기도. 관대해져야 했고 그 어느 때보다 성실하게 살아야 했다. 한마디로 '버티는 마음'을 갖고 살아가는 것. 아이를 키워내는 일에 꼭 필요한 자세였다.

'한 줌'도 안 되는 조그맣고 연약한 녀석들이 매 순간 나를 흔들었다. 물론 방긋하고 웃어줄 때, 새근새근 잠들어 있을 때, 또 문득 돌아봤는데 둘이 꼬물거리며 놀고 있을 땐 말로 표현할 수 없는 행복이 솟구치기도 했다.

찰나의 순간에 기쁨을 느꼈고, 좌절을 맛봤다. 천국의 맛을 보았고 천국 같은 지옥이 있다는 걸 알게 되었다. 세상에서 내가 제일 행복한 사람인 것 같다가도 나처럼 힘들게 사는 이가 있을까 싶어 슬퍼지기도 했다. 나 자신도 도무지 감을 잡을 수 없었다. 예측하지 못한 채 맞는 숱한 감정 사이에서 간신히 버텼다. 이것이 직장 생활이라면 사직서를 제출하고도 남았을 텐데, '엄마'라는 자리에서는 사직서는 고사하고 월차 한번 제대로 쓸 수 없다. 그러니 현실 육아에선 버텨내는 것 말곤 실은 다른 방법이 없었다.

아이가 움직임에 자유로워졌을 때, 그러니까 15개월쯤 되었을 때 일이다.

유난히 하루가 긴 날이었다. 곧 태풍이 몰아칠 거라고 했다. 콩레이 때문에 온종일 비가 추적추적 내렸다. 아이를 낳고 나선 비가 더욱 싫다. 아침부터 늦은 오후까지 집안에 갇혀 있는 아이들의 에너지는 어느새 엄한 곳으로 뻗어나가기 일쑤였다.

게다가 그날은 몸도 좋지 않았다. 기회만 보이면 재빨리 소파든 바닥이든 침대든, 내 몸 하나 펼 수 있는 곳에 누웠다. 물론 불같이 울어대는 두 녀석의 호출에 눕자마자 천근 같은 몸을 일으켜 세워야 했다. 만사가 귀찮았다. 아이들의 부름에 짜증이 났다. 하루가 240시간인 양 더디게 갔다.

내 몸이 힘들다고 세 번 하던 밥을 한 번만 차려낼 수 없다. 아이들의 축 처진 기저귀를 모르는 체할 수도 없다. 틈만 나면 쿵 하고 넘어져 울고 있는 아이를 달래주는 일 역시 내 몫이다. 그러니까 엄마는 아파도 아플 수 없다.

'어쨌든 시간은 흐른다.' 이 한마디를 되뇌며 버텼다. 유일한 위로는 그뿐이었다.

아이들이 잠든 후 조용해진 거실로 나와 식탁 의자에 털썩 앉았다. 잔뜩 쌓인 설거지와 지뢰밭이 따로 없는 거실. 아이를 재운다고 해서 끝나는 게 아닌 엄마의 업무에 한숨이 나왔다.

'책이나 보자. 가만히 책을 읽다가 잠이 오면 침대에 슬며시 들어가자.'

책장에 꽂힌 책을 쭉 훑어보았다. 그리고 제목에 마음이 끌리는 책 한 권을 골랐다.

《운다고 달라지는 일은 아무것도 없겠지만》 박준 시인의 산문집이다. 가만히 책을 펼쳤다. 한참 뒤 나는 울었다. "운다고 달라지는 일은 아무것도 없겠지만 그래도 같이 울면 덜 창피하고 조금 힘도 되고 그러겠습니다."라고 말한 박준 시인의 말에 위로를 받아 흘렸던 눈물은 아니다. 물론 충분히 위로받기 좋은 문장이긴 했지만.

책을 몇 장 읽고 덮으려 하는 순간 무언가를 발견했다. 그것에 눈물이 툭 하고 터졌다.

아이가 아무렇게나 그어놓은 낙서와 그 밑에 조그마한 글씨로 적혀 있었던 나의 메모에 울컥 눈물이 쏟아졌다.

'2018년 9월. 2살 슬옹이의 낙서'

내가 주로 앉아 책을 읽거나 일기를 쓰던 장소는 식탁이다. 엄마가 늘 앉아 있는 그 자리를 아이들은 호시탐탐 노렸다. 볼펜 몇 자루가 굴러다니던 그곳을 그렇게나 좋아했다. 의자에 매달려 한참을 씨름한 끝에 식탁 의자에 올라가면 두 녀석은 방긋 웃으며 기뻐했다. 물론 내가 다시 바닥으로 내려놓았지만.

그날은 의자 위를 정복한 뒤 볼펜 한 자루까지 손에 쥐었던, 기쁘기 그지없던 날이었다. 아이는 식탁 위에 있던 책에 낙서했다. 아직 볼펜을 꽉 쥐는 힘이 부족했던지라 힘없는 줄긋기가 전부였지만.

아이는 햇살 같은 미소로 방긋 웃었다. 그 모습이 예뻐서 적어뒀다. '2살 슬옹이의 낙서'라고. 어쩌면 수년 뒤 우연히 이 책의 앞 페이지를 펼쳐보았을 때 2살 슬옹이가 무척 그리울 수도 있겠다는 생각을 하면서.

한 달 전쯤 해 두었던 그 메모에 눈물이 났다. 그때의 슬옹이가 그리워서 났던 눈물은 아니다. 고작 한 달 전 아이의 모습이 그리워

눈물을 흘릴 만큼 감성적이지 않다.

오늘 하루 내 모습이 생각났다. 짧은 메모 한 줄을 읽은 게 단데 오늘 온종일 아이들에게 툴툴거리며 지냈던 나의 모습이 떠올랐다. 짜증 잔뜩 섞은 채 보냈던 하루가 생각난 것이다.

그 메모를 적을 당시의 나와 오늘 하루 아이들을 바라보던 나는 같은 나지만 마음의 결은 완전히 달랐다. 그게 그렇게나 속상하더라고. 물론 엄마라고 해서 아이를 향한 마음이 한결같을 순 없겠지만.

한 달 전 아이도 지금의 아이도 귀하고 애틋한 건 똑같은데 내 마음의 결에 따라서 어느 날엔 천덕꾸러기 같아 보이기도 하고 또 어느 날엔 더없이 귀한 보석 같아 보이기도 한다.

어쩌면 아이들이 잠이 든 모습을 바라보면서 생각했던 것인지도 모른다.

'오늘 내가 너무 했나.'

후회되는 마음을 모른 체하고 있었는데, 내 마음 어딘가에 반성이 가득 고여 있었는데, 메모 한 줄에 울컥하고 터져 나온 것이다.

엄마가 된 후 자주 그렇게 지낸다. 낮에는 짜증 내고 밤에는 반성하며. 내가 한 반성은 주로 '앞으로는 그러지 말아야지.' 하는 다짐이었다.

물론 하루를 통틀어 본다면 아이에게 잘해 준 순간이 훨씬 많다. 가끔 나는 짜증이 뭐 대수냐는 생각이 들기도 한다. 엄마도 인간인데! 짜증 좀 내면 어때서.

하지만 나는 아이에게 짜증을 내는 것에 무뎌지는 엄마가 되고 싶진 않다. 적어도 화를 낸 다음날, 나의 마음을 아이에게 이야기할 수 있는, 그래서 서로에게 생긴 마음의 상처가 잘 아물 수 있도록 노력하는 엄마가 되고 싶다.

그 아무것도 아닌 메모를 보면서 하루를 되돌아보았고, 또 '엄마됨'을 생각했다. 덕분에 온종일 가라앉아 있었던 마음이 괜찮아졌다.

그날 오랜만에 일기장을 폈다. 오늘 밤 이 순간의 내 다짐과 생각들을 적었다. 사람은 망각의 동물이라고 하지 않았던가. 어쩌면 또 한 달쯤 지나고 나면 오늘 이 다짐은 모조리 잊어버리고 또다시 모든 순간이 싫어질 때가 올지도 모른다. 아니, 분명히 올 테지. 그때 또 펼쳐보는 거다. 분명 거친 감정은 부드러워질 테고, 속상한 마음은 가라앉을 것이다. 가만히 적힌 나의 메모들로 인해.

가다 서기를 반복하며 엄마의 길을 우리는 가고 있다. 늘 뛸 수 없는 건 당연하거니와 한결같은 속도로 걸을 수도 없다. 어느 날엔 주저앉고, 또 어느 날엔 드러누워 잠시 쉬어갈 때도 있어야 한다.

'엄마도 사람이니까.'

하지만 또다시 일어나 걸어야 한다. 마냥 쉬고 있을 순 없다.

'왜냐하면, 엄마니까.'

멈추었을 때 다시 걸을 수 있도록 도와주는 힘을 과거 내가 쓴 글에서 얻을 수도 있었다. 나의 옛글을 들춰 보면 어느새 마음의 옹

어리가 풀리곤 한다. 그 글이 슬프면 슬픈 대로, 기쁘면 기쁜 대로 무엇인가를 느끼게 해 줄 테니까.

그러고 보면 그 누구보다 나를 잘 다독여 줄 수 있는 사람은 결국 '나'인 것 같다.

과거의 내가 현재의 나를 다독여 주는 것.

그러니까 '엄마의 인내'는 그렇게 탄생하는 것이다.

생각을 가다듬는 법

  말을 잘하지 못하는 편이다. 당황하거나 억울할 때, 화가 치솟거나 분할 땐 더욱더. 말 대신 눈물이 나온다. 말을 해야 하는 순간에 입은 닫히고, 눈물 따위는 흘리면 안 되는 상황에서 눈물샘은 열린다. 그럼 그때부터 당혹감이 온몸을 감싼다. '지금 눈물을 흘리면 어떡해!' 나를 향해 소리치는데 한번 터진 눈물은 쉽게 멈추는 법이 없다. 눈물을 멈추는 것에 온 신경을 집중하느라 정작 해야 할 말은 하나도 떠오르지 않는다. 입을 다물고 울고 있으니 꼭 진 것 같은 기분이 든다. 그 기분이 싫어서 눈물은 더욱더 세차게 난다.

  집으로 돌아가는 길에 생각나곤 했다. '아! 그때 이 말은 꼭 해야 했는데!!' 그런 순간이 한두 번이 아니었다. 그때부턴 스스로를 탓하곤 한다. '너는 꼭 뒷북치더라. 바보같이.'

  한동안은 말 못 하고 울고 있던 상황이 머릿속에서 지워지질 않는다. 다시 그때로 돌아가 일목요연하고 논리적으로 생각을 말하고 싶은데, 그럴 일은 없으니. 속만 끓이다가 만다.

만다고는 하지만 사실 문득문득 생각날 때가 있다. '내 말은 그게 아니었는데.' 싶어 갑자기 우울해지곤 한다. 우울감과 함께 자괴감이 밀려온다. 이렇게나 뒤끝 있고 소심한 인간이었다니 싶어서. 또다시 자신을 탓하고야 만다. '아이고, 인간아. 언제 일인데!'

늘 이런 식이었다. 할 말은 있는데 말은 제대로 하지 못한 채 눈물만 쏟고 있는, 분통 터지는 식. 그게 그렇게나 싫더라고.

어디 그뿐이랴. 재치 같은 건 눈을 씻고 찾아보려야 찾아볼 수 없다. 어떤 상황에서건 자신의 의견을 유머 섞어 재치있게 이야기하는 남편이랑 살면서도 그 능력은 좀처럼 길러지지 않더라고. 한번은 진지하게 물어도 보았다.

"여보, 어떻게 하면 말을 재미있게 잘 할 수 있어? 해야 할 말을 유머 있게 전하는 비법이 뭐야?"

그럼 남편은 픽 하고 웃으며 답한다.

"내가 예능을 괜히 보는 게 아니야."

예능이라면 늘 같이 보는데. 별로 도움이 되지 않는 그의 대답에 기가 죽는다. 타고나는 건가 보다 싶어서. 이쯤 되면 유머도 당당함도 바라지 않으니 해야 할 말이라도 제대로 하길 바라게 된다.

'유머는 무슨. 제발 그만 짜고, 말이라도 하라고.'

학창 시절을 샅샅이 뒤져 봐도 남들 앞에서 멋지게 말한 기억 같은 건 없다. 누군가가 나에게 주목하면 얼굴부터 빨개지는 홍당무. 얼굴이 빨개져서 발표가 잘 안 되는 건지, 발표가 잘 안 돼서 얼굴이 빨개지는 건지. 어쨌든 내 얼굴은 늘 빨갛다. 거울을 보지 않아도 빨개졌다는 것을 알 수 있을 만큼 낯이 뜨끈뜨끈해지는 게 느껴질 정도. 말도 잘 못 해. 얼굴도 빨개져. 눈물도 많아. 재미도 없어…. 평생 말이라곤 제대로 못 할 것 같은 불길한 예감이 든다.

그래서 글쓰기가 더 좋았다. 말을 해야 하는 순간이 되면 머릿속이 백지가 되어버리곤 했는데. 타이밍이라곤 맞추질 못해 끝끝내 아무런 말도 못 할 때가 수두룩했는데.

글쓰기는 언제나 나에게 너그럽기만 했다. '하고 싶은 말 있으면 다 해. 기다려줄게.' 그러면서. 하얀 종이를 가만히 보면서 내키는 만큼 생각할 수 있는 시간이 좋았다. 첫 문장을 쓰기까지 십 분이고, 한 시간이고 기다려주는 여백의 그 시간이 고마웠다.

내 감정이 누그러지길, 편안해지길, 안정적 여지길 가만히 기다려주는 것 같아 깜빡이는 커서를 보고 있으면 평화로워질 수 있었다. 당장 아무것도 쓰지 못해도 초조하거나 분하지 않았다. 한참 뒤 다시 돌아와도 커서는 언제나 그랬던 것처럼 깜빡깜빡, 빛나고 있었으니까.

'그때 그 말을 해야 했는데!!!'라는 말 같은 건 여기선 하지 않아도 된다. 늘 뒷북만 치던 나 같은 사람이 글쓰기에 빠져드는 건 어쩌면 당연한 일이었는지도 모르겠다.

하고 싶은 말이 왜 자꾸만 머릿속에 맴돌기만 할 뿐, 명확하게 입 밖으로 나오질 않는 것일까 고민해 본 적이 있다.

감정이 격해져 있어서? 그럼 청산유수처럼 말 잘하는 상대편은. 눈물이 자꾸만 흘러서? 이건 어느 정도 인정. 눈물 때문에 될 일도 안 될 때가 많았으니까.

하지만 입 밖으로 말이 잘 안 나오는 가장 큰 이유는 다름 아닌 '어지러운 생각' 때문이었다. 나도 내 생각을 모르겠다고 하면 되려나. 갑작스러운 질문 앞에선 특히나 더 심했다. 버퍼링이 걸린 것처럼 일시 정지. 머릿속에서 정리되지 않은 생각을 입 밖으로 내려니, 마치 교통체증으로 꽉 막힌 도로 한가운데 있는 기분이었다.

무얼 그려야 할지는 결정했는데, 구도만 잡아 둔 상태라 남에게 보여줄 수 없는 단계. 입가에 말이 맴돌기만 할 뿐 내뱉어지지 않았던 이유는 바로 그것이었다. 분명 나도 할 말은 있는데 내뱉을 수 있을 정도로 가다듬기까지 시간이 꽤 오래 걸리는 타입.

아, 그러니까 나는 생각이 정리되는 데까지 긴 시간이 필요한 인간인 것이다. 때문에 나는 늘 '그때 그 말을…'이라는 탄식을 나중에야 내뱉곤 했다.

글을 쓰기 전엔 전하지 못한 '그때 그 말' 때문에 끙끙 앓은 적이 몇 번이나 있었지만 이젠 그렇지는 않다. 그때 미처 하지 못한 그 말을 하얀 종이 위에 털어내곤 하니까. 적으면서 '와. 이것도 말했어야 했는데!' 싶은 생각이 떠올라 괜히 분할 때도 있지만 다 쓰고 나면 응어리가 스르르 풀리는 기분이 들곤 했다. '어쨌든 여기에 다 말했네.' 싶어서. '다음에 또 이런 질문 앞에 놓이게 되면 꼭 이렇게 말해야지!' 그러면서 손을 툴툴 털고 일어선다. 물론 그런 상황이 또다시 벌어질 일 같은 건 거의 일어나지 않지만.

글을 쓰면 쓸수록 자연스럽게 말하는 능력 또한 길러지면 좋으련만 그건 내 바람일 뿐.

글을 쓴다고 해서 달변가가 되는 일 따위는 없지만, 적어도 생각이 차곡차곡 정리되어 쌓이긴 했다. 그렇게 내겐 '나중에 꼭 이렇게 말해야지' 목록이 여러 개 있다. 이것이 아주 쓸모없는 것은 아닌 것이 정리된 생각 덕분에 내가 어떤 사람인지, 어떤 식의 태도와 방식을 좋아하는지와 같은 것이 선명해지긴 하더라고.

여전히 말을 잘하는 누군가를 보면 그 능력이 탐난다. 우물쭈물 말 못 하는 나를 보고 있으면 답답하기도 하고. 하지만 이젠 예전처럼 자괴감이 들거나, 자존감이 훅훅 떨어지진 않는다. 어쨌든 마지막엔 나도 내 생각을 정리해서 글로 적어두니까.

그에게 말이 무기라면, 나는 글이 무기다!라고 우기면서 마음을 다독이고, 생각을 가다듬는다.

물론 글도 잘 쓰고 말도 잘하는 인간을 가끔 만날 때가 있다. 아. 그럴 땐 역시 세상은 불공평해 그러면서 그날만큼은 나도 염세주의자가 된다. 어쩔 수가 없더라고.

따스한 품이 필요한 날

아이가 어렸을 땐 말을 할 일이 거의 없어서 입에서 단내가 났다. 남편이 오기 전까지 그 누구와도 대화할 일이 없는 날이 많았다. 아이에게 하는 말이라곤 고작 해봐야 몇 마디가 전부였다.

혼자 떠드는 것도 하루, 이틀이지. 먹고 자는 일이 하루 중 가장 큰 일과인 신생아에겐 특히나 할 말이라곤 별로 없었다. 그땐 아이가 빨리 자라서 나와 놀아주면 좋겠다는 생각을 수시로 했다.

보채지 않아도 시간은 잘만 흘러갈 텐데.

아이가 크고 둘이서 온종일 집 곳곳을 휘젓고 다녔다. 내 입은 쉴 틈이 없었다. 누구 하나 알려주지 않았는데 어쩜 그렇게 해서는 안 될 짓만 골라서 하는지.

두 아들은 상상 그 이상의 짓들을 서슴없이 했다. 어느 날엔 싱크대 볼에 들어가 있었고 또 어느 날엔 의자 밑에 깔려 있었다. 소파 밑을 굳이 들어가선 나오지 못해 울고 있기도 했고 침대에서 뛰다가 굴러떨어져 꼴딱꼴딱 넘어가면 운 일 역시 한두 번이 아니다.

말을 하지 않을 수가 없었다. 그렇다고 대화는 아니었다. 일방적인 '고함'이라고 하는 게 더 옳을 것 같다. "안 돼"라는 소리는 될 수 있는 대로 하지 않아야겠다고 다짐했지만 안 될 일만 골라서 하는 이 둘 앞에선 그런 나의 다짐은 무용지물이다.

"안 돼. 하지 마. 그만!!"의 향연.

입이 쉴 틈은 없었지만, 대화는 아니니 차라리 단내가 날 때가 그리울 지경.

아이를 먼저 낳아 키웠던 남편의 친구가 남편을 붙들고 푸념한 적이 있다. 말의 요지는 '그래서 도대체 나보고 어떻게 하라는 거야.'다.

친구 부부가 아이를 한창 기를 때 일이다. 육아휴직 중이었던 그의 아내는 매일 아이와 집에서 시간을 보냈다. 한 번도 일을 쉰 적이 없었던 그녀는 집에서 아이와 단둘이 지내는 일이 힘들다며 남편에게 종종 하소연했다. 간호사로 근무하며 고된 3교대도 거뜬히 하던 그녀를 힘들게 했던 것은 다름 아닌 대화의 부재, 아니 더 정확히 말하면 대화 상대의 부재였다. 잠을 실컷 자지 못하는 것, 밥을 제때 먹지 못하는 것, 등 센서가 켜지는 아이를 종일 안아주는 것보다 그녀를 우울하게 했던 일은 대화 없는 하루를 버텨내는 일이었다.

"말할 사람이 없어서 너무 심심해. 힘들기도 하고."

"문화센터라도 다녀. 새로운 사람을 사귀기에 그곳에 좋대."

"이 작은 애를 데리고? 조금 더 커야지. 걸을 순 있어야 할 거 아니야."

"집에서 라디오라도 들어. 대화를 계속하잖아."

"라디오는 듣는 거잖아. 말이 하고 싶다고!"

"그럼 라디오에 문자 사연을 보내. 당신이 보낸 게 당첨이 되면 읽어주잖아. 꼭 대화하는 것 같지 않겠어?"

그 뒤로 아내 주변의 공기가 말도 못 하게 차가워졌다며 하소연했다는 것이다.

그 이야기를 남편에게 전해 듣곤 한참 웃었다. 아내에게 "일 마치고 오면 나랑 더 많이 이야기하자."라고 말해주며 안아주었음 좋았을 텐데. "내가 중간에 전화 자주 할게."라고 해주지. 그걸 몰라 아내의 눈총을 받은 남편의 친구가 답답해서 우스웠다. 게다가 '대화'할 일이 전혀 없어 우울하다고 말하는 그녀의 말을 아이가 없었던 그 시절, 완전히 이해할 수도 없었다. 그리곤 한동안 그 이야기를 잊고 살았다.

타인의 처지를 이해하기 위한 가장 좋은 방법은 그와 비슷한 처지가 되어보는 수밖에 없다는 말이 딱 맞았다. 쌍둥이를 낳고 기르며 그때 '대화' 때문에 우울해했던 그녀가 종종 떠올랐다.

남편이 오기 전까지 한두 마디의 말이 전부인 채 지내는 날이 정말 생겨났다. 아이가 큰다고 사정이 달라지는 건 아니었다. 말을 하지 못하는, 하지만 이제 곧 말을 배워야 하는 아이와 함께 있게 되면 독백은 더욱 잦아진다.

"이건 뭐지? 맞아. 별이네."

"주세요! 해봐. 주. 세. 요!"

내가 한 질문에 대답도 내가 했다. 엄마의 말소리를 들려주는 게 아이의 언어발달에 좋다고 해서 의무감을 가지고 혼자 떠들어댔다. '대화'가 하고 싶다는 생각이 불현듯 들었다.

누군가와 마주 앉아 눈을 맞추며 속에 있는 이야기를 실컷 토해내고 싶었다. 아무것도 아닌 것처럼 보이는 이 일이 엄마가 되고 나선 어려워졌다. 나보단 아이가 편안한 게 우선이라 둘을 데리고 어딘가로 나갈 엄두 같은 건 애초부터 나지 않았다. 남편이 오기 전까지 집에서 몇 마디 말없이 홀로 지낼 때가 많았다.

남편이 퇴근하고 집으로 돌아오면 그때부터 나의 입은 날아다녔다. 다행스럽게도(?) 나보다 말이 더 많은 남편과 함께 살고 있는지라 우리의 대화는 끊이지 않았다. 남편은 아이와 나의 이야기를 듣고 싶어 했고 나는 말을 하고 싶어 했으니 이런 부분에선 찰떡궁합이구나 싶다.

문제는 남편은 매일 나의 말만 듣고 있을 순 없었으며 나 역시 모든 날 반가운 마음으로 퇴근한 남편을 맞아 조잘대며 떠들진 못

한다는 것.

할 말은 많지만, 말조차 하기 싫을 만큼 피곤한 날이 있었고, 아내의 말을 듣는 것 보다 개인적인 시간을 보내고 싶은 날도 생기기 마련이니까.

나의 욕구 중 대부분은 스스로 풀 수 있어야 한다. 누군가에게 의지하는 것엔 언제나 한계가 찾아온다. 물론 그럴 수 없는 상황과 여건이 나의 발목을 붙잡고 있다. 욕구불만이라는 것은 보통 그렇게 생겨난다. 하나, 둘 쌓이게 되는 불만족스러움은 마침내 몸과 마음의 거리가 가까운 누군가에게 내던져질 가능성이 크다. 내 경우, 남편이었다.

어쩌면 우리 남편 역시 친구에게 찾아가서 '도대체 나보고 뭐 어떻게 하란 말이야!' 하고 하소연을 했을지도 모른다.

블로그에 육아일기를 쓰기 시작했다. 아이와 함께했던 순간들, 아이 때문에 느꼈던 감정, 오랫동안 간직하고 싶은 찰나를 사진과 글로 남겼다. 생각보다 훨씬 마음이 후련했다. 발행 버튼을 누를 땐 알 수 없는 쾌감이 솟구쳤다. 가끔 댓글을 달아주는 이웃이 있어 마음을 나누기도 했다. 무엇보다 좋았던 건 쓰고 남기는 행위 자체가 그냥 재미있었다.

아이들이 낮잠을 자거나 엄마를 찾지 않고 놀아줄 때 사진을 고르고 글을 쓰면서 삶에 활력을 되찾았다.

오늘 하루를 써 내려가기 위해선 오늘 하루에 대해 곰곰이 생각해 보게 된다. 그건 마치 남편을 앉혀두고 나의 하루를 조잘거리며 나열하는 것과 비슷했다. 다른 점이 있다면 내 눈앞에 노트북이나 핸드폰 또는 손때 묻은 다이어리가 놓여 있다는 것과 남편에게 하던 질문을 나 자신에게 한다는 점이 다르다면 다를까.

누군가와 대화를 하며 내 마음을 쏟아내고, 공감받고, 위로를 얻고, 타인의 생각을 들으며 즐거움을 느꼈던 것을 나와의 대화에서도 얻을 수 있었다. 내 생각을 쓰고 글로 써진 그것을 읽으며 또다시 생각해 보는 그러한 행위의 반복. 오히려 타인과 대화할 때 느끼지 못했던 것을 느낄 수 있다는 것 또한 알게 되었다.

'진짜 내 마음'을 알기 위해선 타인과의 대화보단 자신과의 대화가 훨씬 더 짙고 깊은 도움이 될 수도 있다는 것이다.

글을 써 내려간다고 해서 말을 하지 않고 지낼 수 있다는 건 아니다. 어쨌든 인간은 사회적 동물이며 타인과 상호작용 역시 인간의 삶에선 필수요건이니까.

홀로 존재하는 인간이 되기 위함으로써의 글쓰기가 아니라 타인과 더 나은 관계를 맺으며 살아가기 위함의 글쓰기.

나와의 대화가 늘어갈수록, 그래서 나에 대해 더 많은 것을 알게될수록 남편, 아이와의 관계 역시 돈독해 짐을 느낄 수 있었다. 내 마음이 편안해진 상태에선 누구와 대화를 나누던 다정할 수밖에 없으니까.

또 타인과의 관계 속에서도 풀리지 않는 외로움 혹은 공허함을 스스로 다독일 힘을 가질 수 있나.

내 마음이 거칠어져 있을 땐 누군가의 따스한 품이 효력 있는 처방전이 되기도 하는 것처럼, 글 역시 마음이 매우 거칠어진 엄마에게 꽤 따스한 품이 될 수 있다는 것이다.

무척이나 너그러운 하얀 종이 위에 폭 안겨 웃고, 울며 텅 비워내길.

그리고 또다시 채워 넣길. 이왕이면 반짝이는 기쁨들을 가득히.

chapter 2

발견!
엄마의
고자질 노트

순간의 기쁨

충만한 삶을 살고 싶다. 그게 어떤 삶이냐고 묻는다면, 느끼기 위해 열어두는 삶이라고 이야기하면 되려나. 열린 마음 사이로 빼꼼히 눈을 들이밀고선 하나, 둘 발견하고 싶다. 바쁜 일상 속에서 스쳐 지나가는 많은 것을. 비록 어제와 비슷한 오늘이지만 '지금, 이 순간의 기쁨', '아주 작고 소소한 감정'을 찾아낼 수 있는 사람의 인생은 보다 충만할 것이라 믿는다.

'충만', 한껏 차서 가득하기 위해선 어떠한 하루를 보내야만 할까. 무진장 큰 기쁨이 떡 하니 나의 품으로 들어오는 날도 있지만, 그래서 온종일 행복함을 가득 느낄 때도 있지만, 일생에 그러한 날은 손에 꼽힐 만큼 적다. 임신한 사실을 알았을 때, 매달 붓던 2년짜리 적금이 만료되어 목돈을 가졌을 때, 꿈에 그리던 여행지로 떠나게 되었을 때와 같이. 간절히 원하던 것을 얻는 순간은 몇 년에 한 번 올까 말까 한데, 애석한 것은 아무리 큰 기쁨이라고 해도 행복의 유효기간이 그다지 길지 않다는 것. 단 며칠 만에 기쁨의 크기는 점점 줄어들어, 어느새 일상 속에 고요히 묻히고 만다. 그럼 또 내게 남는 건 살아가야 할 하루뿐. 다시 가득 찬 기분을 만끽하기 위해 일 년이고 2년이고 기다려야 한다면, 삶은 무척 우울해질 것 같다. 그러니 소유나 성취로 인한 충만으론 부족하다. 무언가를 이루거나 얻지 않아도 행복과 기쁨이 가득 차오르는 인생을 살고 싶은 것이다.

그럼 어떻게 가능한 많은 날을 충만하게 살 수 있을까.

'주말 아침, 산책, 물웅덩이, 수영, 맙소사, 아이 웃음….'

누군가에겐 쓸모도 관심도 없는 단어의 나열을 보며 나는 미소 짓고 있다. 단어가 하나둘 움직이더니 한 장의 사진처럼 하나의 장면이 되어 내 머릿속에 선명히 떠오른다.

주말 아침, 새벽부터 소란스럽다. 어린이집을 가지 않는 날이면 늦게까지 잠 좀 자 주면 좋으련만 야속하게도 평일보다 훨씬 더 일찍 아이들은 깬다.

새벽 6시부터 저녁 8시까지. 꽉 찬 전일제 근무는 그렇게 시작된다.

긴 시간을 아이들과 함께 있다 보면 별의별 일을 다 경험한다. 상상할 수 없는 놀라운 일들. 아이들에게 "얘들아, 오늘은 산책하러 가자"라고 말하면 산책만 기다린 강아지처럼 좋아서 펄쩍 뛴다. 특별한 산책코스는 없다. 그저 집 주변을 한 바퀴 돈다. 그렇게 그

날도 집 주변을 한 바퀴 돌기로 했다.

비가 온 다음날이라 길가에 물웅덩이가 곳곳에 생겨 있다.

'잘 피해서 걸어야 할 텐데.'

물을 좋아하는 아이들이라 괜스레 염려되었다. 아니나 다를까. 물웅덩이를 보고서도 그대로 직진이다. 굳이 피해서 돌아가지 않는다. 물론 물웅덩이에 들어가기 전 내 얼굴을 슬쩍 쳐다보았다. 들어가지 말라는 단호한 표정으로 아이를 향해 눈빛을 쏘아댔지만 아이는 그러거나 말거나 웃으면서 물속으로 발을 넣는다.

'우리는 무조건 직진이지!'

짧은 그 길이 아쉬웠는지 왔던 길을 되돌아간다. 함박웃음을 머금은 채. 당연히 신발은 다 젖었다.

'하는 수 없지.'

어느 정도 예상했다. 신발이 젖지 않은 채 집에 돌아가는 것이 오히려 더 기적이라고. 딱 거기까지만 하면 좋았으련만, 아이들은 대체로 예상치 못한 지점까지 차고 넘친다.

환호성 소리에 무슨 일인가 싶어 돌아봤다. 내 눈을 의심했다. 물웅덩이에 발을 담갔던 아이가 별안간 엎드려서 수영하고 있었다. 물웅덩이에서의 수영이라니. 참신해서 뒷골이 당긴다. 이미 많이 젖었다. 집도 코앞이다. 흙탕물이지만 똥물은 아니니 괜찮다.

"그래, 마음대로 해라."

기가 막힌 데 웃음이 난다.

그날, 웅덩이에서 수영하고 있는 아이들을 바라보며 적었던 메모였다. 길에 서서 글을 쓰긴 어렵지만, 단어 몇 개를 재빠르게 적는 일은 가능하니까. 저렇게 단어의 나열로 이루어진 메모가 내겐 가득 있다. 하루에도 몇 번이나 잠시 멈춰선 채 무언가를 적는다.

그리고 그날 밤, 모두가 잠든 시간 노트나 휴대전화를 뒤진다. 온종일 모은, 작지만 분명한 기록들을 한 데 펼쳐본다. 기쁨, 슬픔, 외로움, 행복, 아름다움…. 적지 않았으면 잊히고 말았을 순간의 기록이, 찰나의 감정이 가득, 내 눈앞에서 반짝인다. 쌀알보다 작지만, 보석처럼 반짝반짝 빛나는 나의 하루를 가만히 보고 있으면 정말이지 마음에 무언가가 차오르는 것 같다.

조각조각 남겨진 메모를 글로 조용히 잇는다. 긴 줄에 예쁜 구슬알을 꿰듯. 딱 그럴 때 충만이라는 단어가 떠오르는데, 그렇게 글로 하루를 풀어 적다 보면 그 당시엔 발견하지 못했던 무언가가 번뜩 뇌리를 스칠 때가 있다. 쓰지 않았더라면 알 수 없었을 마음이며 태도. '아이를 웃게 만드는 일은 엄마의 작은 인내만으로 가능하구나.' 같은 것.

그렇게 발견되는 작은 반짝임은 내일의 육아에 큰 힘이 되어준다. 억지로 참고 견디는 것이 아닌 너와 나의 기쁨을 위해 기다려줄 수 있는 너그러운 마음은 그렇게 차곡차곡 길러진다.

글을 쓰고 싶다는 마음이 들고 난 이후, 나의 돌파구로 맥주가 아닌 글을 선택해야겠다고 생각했던 그 후부터 나는 작은 메모장을 들고 다녔다. 메모하는 이유는 아주 간단했다.

잊기 위해서. 기억하려 애쓰지 않기 위해서.

애들 영양제를 먹였는지 안 먹였는지 긴가민가할 때가 잦아지고, 내가 어제 마트를 다녀왔는지 엊그저께 다녀왔는지 헷갈려 남편에게 되물어 보고, 휴대전화가 어디 있는지 몰라 하루에도 몇 번이나 집안 곳곳을 뒤지는 나에게, 스쳐 지나가는 일상의 순간, 찰나의 감정까지 기억하고 있으라는 것은 현실 불가능.

메모는 그렇게 시작되었다. 일단 당장은 살아내라고. 바쁜 엄마의 일에 몰두하라고. 스쳐 지나가는 일상, 소소한 즐거움, 너와 나의 기분과 잊고 싶지 않지만 뱉는 순간 흩어진 채 사라지는 말 같이 '더 잘살기 위한' 힘의 원동력이 되어주는, 모래알 같은 반짝임을 모으는 일은 메모장에 대충 휘갈겨 써 두는 것으로 일단은 대체하자고. 흘러가는 일상을 잡아채 재빠르게 써 둘 때마다 조금씩 차올랐던 알 수 없는 흐뭇함.

호젓한 시간, 책상 위에 와르르 쏟아낸다. 천천히 살펴보고 생각하고 글로 쓰다 보면 분명하고 선명하게 내 마음은 가득 차오른다. 그것이 기쁨이면 기쁨인 데로, 슬픔이면 슬픔인 데로 반갑기만 하다. 내일을 더 잘 살아낼 용기를 나는 딱 그 시간, 얻곤 했다.

메모가 글이 될 때, 하나였던 생각은 넓게 퍼져나간다. 글을 쓰기 위해 가만히 생각하는 시간을 갖는데, 그 시간에 내 생각, 마음, 품, 관점 같은 것들이 깊어진다.

물웅덩이에 대해 기록을 하며 나는 썼다.

'저 아이들이 커서…. 내가 보기엔 피해야 할 것 같은 길을 군이 자기의 길이라고 한다면 나는 어떻게 할까?'와 같은 생각들까지.

귀엽지만 어이없는 아이의 행동이 어떤 엄마가 되어야 할까와 같은 고민으로 이어지는 것이다. 그럼 또 그 물음에 대한 답을 찾고 싶어 두 눈 부릅뜨고 하루를 살아간다. 뭐라도 발견해보자, 그러면서.

소소한 일상에서 따스한 순간을 발견하는 힘, 일상의 이면에 숨겨진 아름다움을 볼 수 있는 눈, 나와 타인 그리고 세상을 향한 넓고 깊은 품.

메모한 것을 가만히 글로 풀어 쓰면서 나의 내면은 점점 단단해지고, 유연해지고, 아름다워졌다. 충만하게 산다는 것은 어쩌면 가만히 들여다보는 시간을 남들보다 오래 가지는 삶이 아닐까.

가만히 들여다본 것을 천천히 되짚어 생각하며 이면에 숨겨진 빛을 발견하는 삶이 아닐까. 나의 크고 작은 생각, 소소하고 사소한 일상을 그냥 흘려보내지 않으려는 노력이 아닐까.

글을 쓰기 전, 늘 내가 써 놓은 기록들을 한번 훑어보며 무엇을 쓸까 고민하는데, 그 고민의 시간이 나는 설렌다. 줄줄이 나열된 단어들을 보고 있으면, 바쁜 그 순간에조차 들여다보기 위해 애썼던 내가 떠올라 기특하기도 하다.

  매일 잊고, 한참을 생각하여 무언가를 떠올리고, 도무지 기억이
나지 않아 누군가에게 되물어야 할 일이 잦은 엄마의 정신없는 일
상에 메모는 단순히 기록하는 차원 그 이상의 무엇인데, 그건 아마
일상을 살아내는 것만큼 잠시 멈추는 것의 중요함을 알고 있단 뜻
이기 때문이리라. 그 멈춤 사이로 분명 느낄 테지.

  삶의 아름다움을. 순간의 기쁨을. 소중한 것은 이토록 빠르게 지
나가 버리고 만다는 것을.

발견! 엄마의 고자질 노트

운전하고 있던 남편이 뜬금없이 나의 운전 실력에 대해 한마디 한다. 언제나 내가 운전할 때면 불안하다나. 그래도 6년이나 운전을 했건만. 그러면서 한마디 콕 하고 던진다. 옆에서 알려주면 제대로 들으라고. 왜 운전도 잘 못 하면서 듣지도 않냐고.

"뭐? 아니거든. 나 이제 운전 잘하거든?"

"이것 봐. 또 안 듣지?"

"그리고 지금 내가 운전을 하는 것도 아닌데 그런 말을 갑자기 왜 하냐. 내 고자질 노트에 다 적을 거야."

"그게 뭔데?"

"그런 게 있거든?"

그렇게 욱해서 탄생한 이름이다. 조수석에 앉아 있는 나를 향해 운전 좀 잘하라고 잔소리하는 그가 얄미워 누군가 내 옆에 있었으면 고자질해 주고 싶다는 마음이 들었다. 무의식적으로 입에서 툭

튀어나온 이름이었지만 속으로 꽤 마음에 든다고 생각했다. 그게 뭐냐고 자꾸 묻는 남편의 모습이 어쩐지 통쾌하기도 하고.

그때부터 메모를 담아내는 모든 것을 '고자질 노트'라고 불렀다. 가방에 들어 있는 작은 노트 혹은 핸드폰 속 '나에게로 채팅'창에 붙여준 애칭.

물건에 애칭을 만들어 준 건 살면서 몇 번 없는 일이다. 처음 새 차를 사고 가만히 있을 수 없어서 붙여준 '럭키'. 새로 산 K7의 숫자 7이 우리에게 분명 행운을 가져다줄 거라고 믿고 싶어 붙여준 애칭이었다. 당시엔 혁신적이었던 로봇 물걸레 청소기가 신기해 한참을 바라보다 붙여준 '옹골찬'이란 애칭. 빨빨거리고 청소를 하는 그 모습이 마치 배밀이를 막 하고 있던 우리 아이들과 닮아 보였다. 슬찬이의 '찬'과 슬옹이의 '옹'을 나란히 따서 '옹골찬'이라는 이름을 지어줬었더랬지. 야무지게 청소해 달라고. 그러고 나서 '고자질 노트'라는 애칭을 세 번째로 지은 것이다. 그것도 욱해서.

남편은 가방에서 노트를 꺼내 무언가를 적는 나를 보며 물었다.

"그게 고자질 노트야? 근데 왜 적어?"

메모라곤 한 적 없이 살았던 아내가 가방에서 주섬주섬 노트를 꺼내는 모습이 낯설기도 할 테지.

남편에게 이야기했다. 나의 결심을. 이제부터 적어 둘 거라고. 자꾸만 잊어버린다고. 쓰고 싶은데 하나도 기억나지 않는 게 굉장히 불편했다고. 소중한 순간을 남기고 싶다고. 맥주를 멀리하고 나서부터 책을 읽거나 글을 쓰며 기분을 푸는 걸 이미 알고 있던 남편은 말 없이 고개를 끄덕였다. 그 후 외출을 할 때면 남편은 내게 물었다.

"고자질 노트 챙겼어?"

얼마 뒤부턴 "왜 이건 적지 않아?"라고 말하며, 답답하다는 듯 대신 적어주기도 했다. 내 노트에 남편의 메모가 적혀 있는 페이지가 몇 장 있다. 물론 별거 아닌 사소한 내용이지만 내 글씨체가 아닌 남편의 글씨체로 적힌 그것은 볼 때마다 반갑다.

특별할 것 없는 일이 대부분 기록되어 있다. 하지만 고자질 노트에 기록되는 순간, 그리고 그걸 다시 펼쳐보는 순간, 그 모든 것은 귀하고 소중한 기억이 된다. 고자질 노트 한쪽에 메모하지 않았더라면 흘리고 놓쳐질 순간들이 간직해야 할 추억으로 남는다. 그렇게 나는 절대 잊히지 않을 추억을 쓴다.

휘갈겨 적힌 단어 몇 개가 신기하게도 그때의 상황과 심정을 고스란히 떠오르게 만드는데, 호젓한 시간 글로 그 순간을 소중하고 귀하게 남겨두는 것이다.

쓰지 않아도 아무도 뭐라고 하는 사람이 없다. 하지만 고자질 노트는 나에게 자꾸만 신호를 보냈다. '써. 지금 쓰라고!' 메모는 글을 써야겠다는 욕구를 불러일으키게 만들어 주었다.

휘갈겨 놓은 단어 몇 개가 전부였지만 그때 그 상황과 당시 나의 마음을 완벽히 떠오르게끔 해주는데, 그 메모를 보고 있으면 글을 쓰고 싶다는 생각이 자연스레 들었다. 기록해 두지 않으면 그저 낙서처럼 보일 뿐이니까. 보석 같은 순간이 낙서가 된 채 조용히 잊히는 건 어쩐지 마음 한구석이 찜찜하니까.

내가 쓴 글을 보고 있자면 말로 표현할 수 없는 오묘한 기분이 들곤 한다. 그저 어제와 같은 하루라고 생각했는데 완벽히 다른 오늘이었다. 기록할 가치가 없는 날은 단 하루도 없었다.

어제보다 하루 자란 아이들이 있고 어제보다 하루 더 나이가 든 우리가 있다. 어제와 비슷해 보이는 길거리에 핀 작은 꽃조차 어제의 바람과 햇볕을 머금은 채 오늘의 모습으로 빛나고 있다. 그 오늘을, 순간을, 그때 내 마음을 글로 기록하는 일은 그날을 고스란히 남겨두는 일이었다. 그것은 곧 매 순간을 소중히 들여다보는 일이기도 했다.

메모할 땐 보지 못했던, 흘려보았던 아이들의 마음이나 내 생각을 찾아낼 수 있다. 그때엔 아무런 감정도 느끼지 못했던 일에서 감사함, 속상함, 때로는 기특함을 발견할 수 있었다. 메모해 두지 않았다면, 그 메모를 가만히 들여다보며 생각하지 않았더라면 결코 찾아낼 수 없는 반짝이는 순간들이 무수히도 많았다.

메모하고 나서부터 글을 쓰는 일이 더욱 재미있어졌다. 소재에 대해 고민을 하지 않아도 된다는 차원을 넘는 일이었다. 나의 일상에 이토록 수많은 소중함이 숨어 있었다는 걸 발견할 수 있다. 모래알을 후후 털어내어 진주알을 찾아내는 기쁨을 매일 같이 느낄 수 있었다.

글을 쓰기 위해 시작했던 메모가 이제는 습관이 되었다. 단어 하나만 기록해 두어도 글 한 페이지는 거뜬히 쓸 수 있다는 걸 알게 되었다. 흘러가는 그 순간을 낚아채기 위한 더없이 좋은 방법이었다.

내가 운영하는 글방에서 엄마들과 온라인으로 모여 육아 에세이를 쓰고 있는데, 그 엄마들에게 '메모'에 대한 이야기를 한 적이 있다. 저녁에 책상 앞에 앉으면 기억나는 것이 없을 거라고. 자꾸만 멍해지는 자신을 탓하지 말고, 적은 후 말끔히 잊고 지내자고. 기억할 수 있다고 그 순간엔 확신하지만, 아이들이 대성통곡을 한번 하면 새카맣게 다 잊어버리고 만다고. 엄마의 하루는 얼마나 복잡한지, 단순한 단어조차 기억나지 않아 머리채를 붙잡고 있지 않냐고. 그러지 말고, 그냥 적어두라고. 흘러가게 내 버려두지 말고 소중하게 남겨두자고.

나의 말에 고자질 노트에 무언가를 적기 시작했다는 한 엄마가 이렇게 외쳤다.

"적기 위해 보게 되고, 보게 되니 생각할 수 있게 되네요. 아! 적을 게 너무 많아요!"

썩 괜찮아진 나로
오늘을 살아가는 법

엄마로 살아남기 위해 새로이 익혀야 했던 삶의 태도가 있다. 엄마가 아니었으면 꽤 많은 시간이 지난 후에나 "아!" 하고 깨달았을 것 같은 것들. 어쩌면 아예 깨닫지 못한 채 삶을 마감했을 수도 있었을 것 같기도 하고. 아이는 그토록 엄청난 존재인 것이다. 부모라는 이름의 무게 또한 상상 그 이상이기도 하고.

새롭게 태어난 생명과 그로 인해 변화할 준비가 된 한 인간이 만났으니, 이전과는 뭐가 달라져도 달라지는 건 어쩌면 당연한 건지도 모르겠다. 집에 들인 작은 화분조차 나의 품과 관심 없인 자라지 못하는데, 하물며 사람은 오죽하려고.

많은 변화 중 새롭게 익힌 삶의 태도가 있다면 건강을 대하는 자세다. 아이가 태어나고 난 후, 그러니까 지켜야 할 것이 생기고 난 후, 무조건 건강해야 된다고 생각했다. 물론 내 모든 것을 걸고서라도 지키고 싶은 것이 아이의 건강이긴 했지만, 그만큼 나와 남편의 건강 또한 중요하다는 걸 사무치게 깨달았다.

해야 할 일도, 해주고 싶은 일도 많으니까. 부모와 자식의 관계 속에서 경험할 수 있는 모든 것들을 하나씩 전부 다 겪어보고 싶으니까. 같이 손뼉 치며 웃고 싶기도 하고, 또 끌어안고 울고 싶기도 하니까. 세상 곳곳을 손 붙잡고 탐험해 보고 싶기도 하고, 아이의 모든 성장에 가장 먼저 축하해 주고도 싶으니까. 그러려면 우선, 무조건 건강해야 한다.

'다른 건 다 필요 없어. 건강하기만 하면 돼. 지금 당장 돈이 없어도 괜찮아. 건강하면 다시 벌 수 있어. 그러니까 건강 해야 해.'

어머니가 우리에게 자주 말씀하셨다. 건강하라고. 또 건강하겠다고. 그럴 때마다 나는 울컥하는데, 그게 부모의 마음이라는 걸 이젠 알기 때문이다.

그 외에도 경제 관념, 삶의 바라보는 시선, 교육관, 가족에 대한 정의 같은 것들이 완전히는 아니지만 변화했다. 자연스레 바뀐 것도 있고, 부모이기 때문에 바뀌어야 하지 않을까 싶어 따로 공부한 것도 있다. 애 두 명이 태어났을 뿐인데, 그동안 잔잔한 호수 같았던 내 삶은 파도가 치는 바다가 된 것만 같다. 철썩철썩. 누가 자꾸 내 등짝을 때린다. 정신 차리라고.

알아야 할 것도, 기억해야 할 일도 껑충, 배로 뛰었다. 젖을 물리는 방법부터 아이에게 밤새 열이 날 때 엄마가 해야 할 응급처치 방법 같은 것들까지.

쉽지 않을 거라는 각오는 이미 했었다. 한 우주를 품어 내기 위해 손도 품도 찢기는 고통을 겪게 될 것이 분명하다고. 하지만 현실 육아는 그런 나를 비웃기라도 하는 듯 훨씬 고되었다. 게다가 얼마나 변수가 많은지.

계획대로 이루어진 일은 손에 꼽을 정도로 몇 가지가 없었다.

먹는 것도, 자는 것도, 노는 것도 크는 것도 다, 제 멋대로였다. 처음엔 책대로, 누군가의 조언대로 아이가 크지 않으면 그렇게나 초조하고 불안하더니. 엄마의 시간이 차곡차곡 쌓여갈수록 나는 많은 일에 예전보다 의연해질 수 있었는데, 내가 대범해져야 아이가 편안하다는 것을 알았기 때문이다. 특히나 큰일 앞에서는 더욱더.

일 년에 한 번 받는 첫째 아이 정기검사가 있다. 폐혈관협착증이 병명. 협착의 정도가 심하지 않으면 시술조차 하지 않아도 일상생활이 가능하다. 벌써 대학병원을 3차례 다녀왔다. 대학병원의 크기가 얼마나 거대한지. 건강한 사람도 긴장하게 만든다. 그 안은 어떻고.

소아병동에는 우는 아이, 울 것 같은 목소리로 아이를 달래는 엄마가 있다. 수면 약을 먹기 싫어 먹는 족족 토해내며 발버둥을 치는 아이와 천장과 아이를 번갈아 쳐다보며 한숨 쉬는 부모가 있었다.

3년째 갔지만 여전히 익숙해지지 않는 풍경이다. 회색빛 병원 바닥을 보고 있으면 간담이 서늘해진다. 하지만 이젠 웃으면서 아이의 진료 순서를 기다릴 수 있다.

평소처럼 도깨비 같은 표정으로 뛰어다니고 싶어 안달난 아이를 말리고 있을 수 있다. 예전처럼 누군가가 툭 하고 치기만 해도 주저 앉아 울 것 같은 표정은 짓지 않는다.

이젠 엄마의 표정을 살펴볼 수 있을 만큼 아이들이 컸으니까. 자신 때문에 병원에 온 지도 다 알 만큼 자랐으니까. 딱 이런 순간엔 내 감정보단 아이 마음의 평화가 더 중요하니까. 그러니까 그런 연기쯤은 식은 죽 먹기다.

예전 같았으면 내 감정이 가장 중요했을 순간, 아이를 살피게 될 때면 '엄마가 되긴 됐구나' 싶은 생각이 든다. 차 문을 급히 열다 문 모서리에 얼굴이 찢기는 사고가 났을 때. 나도 모르게 아무렇지 않은 척 뒷수습을 한 적이 있다. 아이들의 등원 길에 생긴 사고였는데, 그 순간 '애들 놀라지 않게 최대한 자연스럽게 등원시키자. 그리고 병원에 가는 거야.' 따위의 생각을 하는 나를 발견했다. 피가 손목을 타고 흘러 바닥으로 뚝뚝 떨어져 혼자 수습할 수 없는 사태였음에도 나는 멋쩍은 미소를 지으며 선생님을 조용히 불러냈다. "좀, 도와주세요." 나보다 더 놀라는 선생님을 진정시키고 괜찮은 척 집으로 돌아왔다.

집에 도착하는 순간, 나는 비로소 내가 됐다. 주저앉아 울며 남편에게 전화를 걸었다.

"나 얼굴 찢어진 것 같아. 아파. 빨리 와."

엄마가 되고 나선 큰일에 대범해졌다. 아니 그러기 위해 계속 노력 중인데 이유는 잘 모르겠다. 일단, 지키고 봐야 한다고 생각하는 걸까. 아직은 두 아이가 어리기 때문인 걸까. 두 아이가 나보다 키가 더 크는 날이 오면, 그땐 자식을 방패 삼아 뒤에 숨어 있을 수 있을까. 잘 모르겠지만, 세월이 아무리 흘러도 자식은 자식의 얼굴을, 부모는 부모의 얼굴을 하고 있지 않을까 싶다.

의지할 수 있는 든든한 표정을 지은 채 아이 곁에 서 있을 것 같다. 그게 엄마의 역할이라 생각하면서. 강해야 하는 인간이 엄마라고 생각하면서.

하지만 실은, 나는 강하지 않다. 깡다구는 있어서 아픈 치과 치료를 받을 때도 눈물을 또르르 흘릴 뿐 평온한 얼굴로 참아내기도 하고, 산부인과 선생님이 정말 아플 거라고 말한 나팔관 조영술을 받을 때도 소리 한번 내지 않았지만, 그건 무식하게 막무가내로 참는 것일 뿐이다. 왜냐면 곧 끝날 거란 걸 잘 아니까. 1분만, 30초만…. 그러면서 버틴다.

내가 유달리 못 참는 것이 있는데, 그건 바로 눈물. 도대체 무슨 수를 써도 안 되더라고. 30년이나 울었으면 마를 법도 한데, 내 눈물샘은 도무지 그럴 생각이 없는 것 같다. 이쯤 되니 그렇게 태어난 거구나 인정하게 된다.

드라마나 영화를 볼 때, 여러 이유로 잘 운다. 감동적이거나, 아름답거나, 슬프거나, 화가 나거나.

옆에 앉아 있던 남편은 아무렇지도 않게 "울고 있을 줄 알았다." 말하며 눈물을 닦아 주는데, 그 눈물은 내가 어떻게 조절할 방법이 없다. 남편은 왜 자꾸 우느냐고 묻는데, 나도 정확하겐 모르겠다. 모든 감정에 눈물부터 작동하도록 프로그래밍 된 채 태어난 것 같다.

나는 아이가 근사하게 노래 한 곡을 불렀을 때, 새근새근 가녀린 숨을 쉬며 잠들어 있을 때, 가끔은 아이의 울음이 너무 서럽게 느껴질 때 울고 싶어지는데 남자아이 둘을 키우면서 이래도 되나 싶은 마음이 들 정도다. 40살이 되면 이 지긋지긋한 눈물도, 뜬금없이 여려지는 감수성도 마르려나. 아무래도 쉽지 않을 것 같다.

대범해지기 위해 글을 썼다. 내 마음 가는 대로 슬퍼하거나, 우울해하지 못하고 참아야 했던 날에도 글을 썼다. 엄마는 강해야 한다고 생각하면서도 한없이 약해지고 싶을 때. 가끔은 대차고 대범한 엄마들을 보며 그러지 못하는 나를 야단치고 싶을 때. 작고 사소한 일에 눈물부터 질질 흘리는 내가 어이없지만 지켜주고 싶을 때.

엄마가 되고 난 후 감정을 표현하는 것에서조차 혼란스러움을 느낄 때면 별수 없이 글을 썼는데, 쓰면서 어떻게 해야 할지에 대한 답을 낼 수 있기 때문이었다. 혹은 그 자체로 기분 전환이 되었기 때문이기도 하고.

아이 병원을 가기 전엔 '괜찮다'라는 글을 나에게 써준다. 네가 거기서 울고 있으면 누가 아이를 지켜줄 수 있겠느냐고 이야기해 준다. 그러면서 이 순간만큼은 마음껏 슬퍼하라고 토닥여 준다. 여기서라도 울지 않으면 어디 가서 울 수 있겠느냐고. 그러고 나면 아이의 손을 잡고 병원으로 향하는 길, 아이를 웃게 해주기 위해 더 크게 미소 지을 수 있는 힘이 생긴다. 이런 일쯤은 아무것도 아니라는 듯 어깨 한번 으쓱한 채 커다란 병원 건물을 들어갈 수 있는 용기가 생긴다. 차갑고 서늘한 초음파 기계 옆에 아이를 눕혀 두고선 '괜찮아'라고 말하며 머리를 쓰다듬어 줄 수 있게 된다.

엄마는 강해야 한다고 하는데, 난 그렇지가 않다. 아니, 엄마라는 역할 자체가 나를 자꾸만 약해지게 만드는 것 같기도 하고. 무슨 일이 있어도 지켜주고 싶은 존재가 생긴다는 것은 내 약점을 세상 밖으로 꺼내놓고 다니는 기분이기도 하니까.

와르르 무너지고, 와장창 깨져버리고 싶은 순간에조차 나의 무너짐에, 나의 깨짐에 아이가 행여나 다치진 않을까 싶은 생각을 하고 있으니. 자식이라는 건 이런 거구나 싶어진다.

때때로 강해져야 하고, 또 때때로 대범해져야 하지만 사실 전혀 그렇지 않은 엄마들에게 이야기해 주고 싶다. 내 마음속에 있는 것을 끄집어 토해 내다보면 텅 빈 그 속으로 또 다른 무언가가 차오르기도 하더라고. 그것이 새로움일 수도 있고, 용기일 수도 있고, 인

내일 수도 있다고. 어떤 형태로든 나에게 도움이 되는 무언가가 되어 돌아오곤 하더라고. 쓰는 것만으로도 치유가 된다는 말이 나에겐 꼭 맞는 말이었다고. 그러니 한번 써 보면 좋겠다고.

대단한 글이 아니어도 된다. 일기장에 단 한 줄로 불안함을 적어도 좋을 것 같다. 가끔은 마음대로 되지 않는 세상에 독한 욕 한마디 끄적거려도 기분이 그만이지! 나를 향한 따스한 말 한마디도 좋고, 우연히 만난 인생 문장을 한 자씩 꾹꾹 눌러 남겨보아도 괜찮더라고. 요즘 막 꽂혀 있는 유행가 가사도 아름다운 시도 뭐든 좋더라. 글을 쓰는 그 자체가 나를 향한 열렬한 사랑이며 응원이라는 것을 잘 알고 있으니까.

대범해져야 할 일이 있을 땐, 등을 툭툭 쳐 주는 글을 내게 써 준다. 쪼잔하게 작은 일에 마음이 옹졸해지는 날엔 고작 그런 일로 그러느냐고 마치 친한 친구가 약 올리듯 달래주는 것 같은 그런 치사한 글로 나를 위로해 본다.

우울하고 슬픈 날엔 솔직히 내 감정을 쓰기도 하는데, 그러다 보면 어느새 슬픔은 작아져 있더라고. 긴 터널을 지나 마지막 마침표를 찍고 나면 언제 그랬냐는 듯 한결 나아진 내가 되어 있다.

그럼 또다시 썩 괜찮은 나로, 또 엄마로 오늘을 산다.

단지 남겨뒀을 뿐인데

　블로그를 시작한 건 꽤 오래전이다. 결혼하고 시작했으니 6년은
됐다. 남편의 권유로 시작했다. 그 당시 자영업을 하고 있던 남편은
'홍보'의 수단으로 블로그만 한 것이 없다고 했다. 그 일을 나에게
주었다. 블로그를 개설하고 가게에 대한 정보를 하나, 둘 올렸다.
의무감에서.

　가게 홍보 글만 있으면 안 된다며 일상 글도 간간이 올리라고 한
다. 상위노출은 그렇게 시키는 거라나. 그 외에도 상위노출을 위한
숱한 방법을 나에게 알려주었다.

　'그렇게 잘 알면 자기가 하면 될 것을.'

　가게 대부분의 일은 남편이 맡고 있었다. 소소한 보조업무인 블
로그 홍보는 어쨌든 내 몫이다.

　처음엔 '일'로서 블로그를 시작했다. 블로그를 하는 목적은 홍보
가 전부였다. 하지만 얼마 지나지 않아 블로그에 사적인 흥미가 생

기기 시작했다. 잊히고 말았을 소소한 일상이 사진과 글로 선명하고 정확하게 남겨진다는 것에 재미를 느꼈던 것 같다. 스마트폰 덕분에 접근이 자유롭기도 했고.

　그때부터 가게 홍보 글은 뒷전이 되었다. 여행을 다녀온 뒤 숙소, 여행 장소, 음식에 대한 글을 남기기도 했고, 나 같은 초보 새댁을 위한 간단한 요리법도 올렸다. 요즘 유튜브에서 인기 많은 영상 중 하나인 '언박싱'을 그 당시 나는, 블로그에 사진과 글로 남겼다. 남편과 들린 데이트 장소를 올리기도 했고, 내가 읽거나 본 책과 영화의 리뷰를 써 두기도 했다. 어느새 블로그는 나의 일상을 고스란히 남겨두는 공간이 되었다.

　블로그를 통해 소소한 부업을 한 적도 있다. 한동안 일상을 남기는 일에 혈안을 올렸다면 또 한동안은 제품 리뷰를 열심히 써 올렸다. 큰돈을 번 건 아니었지만 어쨌든 공짜라고 생각하며 좋아했던 기억이 난다.

　부업을 목적으로 블로그를 할 때 '애드포스터' 역시 신청해 두었다. 나의 글 밑에 글과 관련된 홍보업체의 링크가 걸리는데 내 블로그에 온 손님이 그 링크를 눌러 업체의 광고를 보게 되면 소정의 금액이 내 앞으로 쌓이는 것이다. 영향력이 아주 적은 나의 블로그에선 광고 금액 또한 소액에 불과하긴 했다. 일 년을 꼬박 모으면 10만 원쯤 되었던 것 같다.

블로그에서 신나게 놀았는데 돈까지 주니 금액이 많든 적든 나로서는 나쁠 것 하나 없었다.

지금은 이 모든 일이 유튜브로 흘러가고 있다. 고작 몇 년 사이 흐름은 바뀌었다. 하지만 난 여전히 블로그를 한다. 제품을 리뷰 하거나 애드포스터에서 광고이익을 얻기 위함이 아니라 단지 글을 쓰기 위해서. 나의 많은 것들을 남겨두기 위해서.

시대에 발 빠르게 적응하지 못하는 걸지도 모른다. 요즘은 검색조차 유튜브로 한다는 사실을 얼마 전에 듣고 깜짝 놀랐으니까.

시대는 빠르게 변화하는데 나의 속도는 아직 느릿느릿. 물론 요즘엔 유튜브로 강의도 찾아보고 음악도 골라 듣는다. 홈트 역시 유튜브의 도움을 받으며, 아이들에게 영상을 틀어 줄 때도 유튜브를 유용하게 이용한다. 필요한 것은 취하면서 산다. 그뿐이다.

가끔 유튜브 속 매력적인 크리에이터를 볼 때면 한번 해보고 싶다는 생각이 들 때도 있다. 물론 지금은 유튜브보다 더 놀라운 무언가가 나올 때쯤에 한발 늦게 유튜브에 발을 들일지도 모르겠다고 생각하며 웃고 말지만.

나에겐 오랫동안 해 온 블로그가 가진 매력이 여전히 있다. 그 매력 중 하나로 '나의 삶과 삶의 변화가 고스란히 담겨 있다는 점'을 뽑고 싶다.

처음 블로그를 시작했을 땐 새댁이었다. 그때쯤 나의 글엔 신혼의 알콩달콩함이 그대로 묻어나 있다. 어딜 가도 핑크빛이고 무얼

먹어도 살살 녹는다. 그 시절의 글을 지금 읽고 있노라면 손가락을 차마 펼 수가 없다. 그렇게도 좋았나 싶어 그때를 머릿속으로 떠올려본다. 블로그 속 글과 사진을 통해 잊혔던 순간들이 다시금 떠오른다. 시간여행이 따로 없다.

남편이 유일하게 한 권을 다 읽을 수 있는 책이 바로 나의 일기장이다. 남의 일기장을 뻔뻔하게 보면서 그 어떤 소설보다 재미있다고 한다. 그 이유는 단 하나. 그 안의 모든 이야기는 본인과 관련되어 있으니까. 그런 점에서 블로그의 글은 한층 더 매력 있다. 단락마다 사진과 동영상이 첨부되어 있다는 점에서 그렇다. 사진첩에 가득 모여 있는 사진을 볼 때와 느낌이 완전히 다르다. 사진 밑에 달린 글을 읽노라면 찰나의 감정까지 떠올릴 수 있다.

임신하고 나서부턴 말할 것도 없이 나의 글은 임신과 출산에 초점이 맞춰져 있다. 임신하기 위해 배란 유도 주사를 맞은 것부터 그 부작용으로 복수가 차서 3주를 고생했던 것까지.

임신 초기엔 글이 몇 개 없는데, 그때의 불안한 마음마저 떠올릴 수 있다. 아이를 낳고 나선 나의 글은 온통 육아.

블로그에 내 인생의 중요한 순간들이 오롯이 담겨 있다고 해도 과언이 아니다.

간직하고 싶은 삶의 순간들을 기록하고 있었을 내 모습 또한 함께 떠오른다. 5살 어렸던 나, 작년의 나, 그리고 지금의 나는 같은 나지만 같지 않다. 글만 봐도 알 수 있다.

최근엔 블로그를 나의 다짐 노트로 써 왔다. 사적인 공간임과 동시에 누구에게나 열려있기도 한 곳이 블로그다. 원하는 사람 누구든 나의 글을 볼 수 있다. 9개월 전, 다른 삶을 살아보겠다고 다짐했던 당찬 포부를 블로그에 하나, 둘 써왔다. 일기장에 쓸 수도 있었지만, 블로그에 썼던 이유는 단 하나. 많은 이들에게 나의 결심을 드러내고 싶었다. 물론 사람들은 내 글에 관심이 없다. 하지만 나의 결심을 블로그를 통해 알리는 그 순간부터 꼭 그렇게 해야 할 것만 같은 느낌이 들었다. 내 옆에 남편에게 알리는 것과는 기분이 완전히 다르다. 세상에 공표하는 기분이라고 할까. 많은 이들이 나를 지켜보는 것만 같았다.

일찍 일어나기 위한 도전, 생활비 절약을 위한 당찬 포부, 꿈을 찾겠다는 다짐, 의미 있는 삶을 살아보겠다는 결심. 모두 남겼다.

누구인지도 모르는 누군가를 의식하며 내가 쓴 글대로 살아가기 위해 노력했다. 그런 나의 다짐과 노력이 가상했는지 응원의 댓글이 가끔 달렸다. 응원을 받기 위해 올린 글은 아니었지만, 그 글은 나에게 기쁨과 힘이 되어 돌아왔다. 더 열심히 살아가고 싶었다. 알지 못하는 이의 응원에는 짜릿한 힘이 깃들어 있더라고.

요즘 글쓰기 모임을 온 · 오프라인으로 운영 중인데, 그 모든 홍보 역할 역시 블로그가 해준다. 내가 그동안 살아온 흔적을 보며 나와 함께 글을 쓰고 싶다고 생각하는 것 같다. 얼마나 고마운지. 차곡차곡 쌓아둔 기록의 더미가 나라는 사람을 더욱 선명히 알려준다. 내가 미처 발견하지 못한 채 지나간 내 안의 반짝임을 기억해준다. 보여주기 위해 쓴 건 아니지만 보이게 되면서 내 삶을 한 번 더 체크하고 점검하게 된다. 그래서 말하지 않고선 견딜 수가 없다. 같이 글을 쓰는 사람들에게 조용히 속삭인다.

'블로그에 그 글 올려둬 봐요. 차곡차곡. 분명 선명해 질 거예요. 나라는 인간 자체가.'

질문이 있는 삶을 산다는 것

절친한 친구들과 오랜만에 모여 앉아 이런저런 이야기를 나눴다. 이젠 대부분 엄마가 된 그녀들. 엄마가 하나, 둘 늘어가면서 '아이를 잘 키우는 방법'에 대한 이야기는 모임에서 빠지지 않는 주제가 되었다.

아이는 엄마가 어떻게 교육하느냐에 따라, 밀어주느냐에 따라 달라진다는 것에 대해 열변을 토하는 친구 말을 듣던 중이었다. 틀린 말은 없다. "개천에서 용 난다"는 말은 옛말이라고들 하니까.

무얼 시키든 엄마의 '잡아둠'이 필요하다는 그녀의 말을 가만히 듣다가 물었다.

"뭘 하든 그냥 두면 안 돼? 어차피 시킨다고 하지도 않을걸. 그때 쯤엔."

나의 그 한마디는 불쏘시개가 되어 대화를 활활 타오르게 했다. 아이가 만약 꼴찌라면 그런 소리는 못 할 거라며, 네가 중간은 했기 때문에 아이도 당연히 그 정도는 해줄 거라 생각하는 건 아니냐고. 결코, 엄마의 관리 감독 없는 아이는 길을 잡기 힘들 거라고 했다.

그날 밤 집으로 돌아와선 친구의 말에 수긍이 가지 않았던 이유에 대해 생각해 보았다.

'난 왜 그녀의 생각에 쉽게 동조할 수 없었을까?'

'동조할 수 없었다면 반론을 냈어야 했는데, 왜 말이 입가에서 머물기만 할 뿐 내뱉어지지 않았을까?'

그녀의 말이 아닌 제대로 말을 하지 못한 나에 대해 생각했다. 그리고 결론을 냈다.

부모가 된 이후로 '부모 됨'에 대해 어렴풋이 생각해 본 적은 있어도 깊이 있게 고민한 적이 없다는 사실을 깨달았다. 자식 교육에 관한 유명한 책을 읽으면서 고개를 그렇게 연신 끄덕여 놓고 어째서 나는 '어떠한' 부모가 되어야겠다는 다짐을 쉽게 말할 수 없었던 걸까.

나에겐 '부모 됨'에 대한 신념이 필요했다. 물론 지금 정한 신념이 평생 바뀌지 않으리란 보장은 하지 못한다. 인간은 불완전한 존재이며, 우리의 마음은 때때로 변하기 마련이니까. 삶을 바라보는 시각이 달라지면 가치관은 변화하기도 하니까.

하지만 내일 바뀌어버릴 신념일지언정, 오늘의 신념은 필요하지 않을까. 신념을 가진 채 살아가는 삶과 그렇지 않은 삶은 분명히 차이가 있으리니.

'부모'가 되면 달라질 줄 알았다. 다른 이의 말에 쉽게 흔들리고 불안해하지 않을 수 있을 것 같았다. 부모가 되는 일은 '진짜 어른'이 되는 것이라 믿었다. 한 인간을 품는다는 건 그 무엇보다 위대한 일이기도 하니까.

엄마가 된 지금, 꼭 그렇지도 않은 것 같다는 생각이 든다. 물론 아가씨 시절엔 절대 상상할 수 없는 일을 거뜬히 해내고 있지만, 엄마가 된 지금도 나는 쉽게 불안해하고 때때로 흔들린다. 저절로 단단해질 줄 알았는데 결코 그런 일은 없을 거라는 걸 알게 되었다.

그날 고자질 노트엔 '나는 어떠한 부모가 되고 싶은가?'라고 적었다. 자식을 기르며 맞닥트리는 숱한 고비 속에서 단단히 서 있을 수 있도록 나를 떠받쳐 줄, 나만의 신념을 찾아보기로 했다.

질문 하나가 주는 힘은 실로 대단하다. 선뜻 답을 적지 못했지만 때때로 생각하게 만들어 주니까.

부모가 된 지 고작 27개월밖에 되지 않았기 때문일까. 생각이 쉬이 정리되지 않았다. 어떤 부모가 되고 싶다는 희미한 그림은 있는데 도대체 선명해 지지가 않는다.

작은 포스트잇에 옮겨 썼다. 그리곤 붙여두었다. 내 눈길이 자주 닿는 곳에. 눈에 걸릴 때마다 아주 잠깐이라도 생각했다.

떠오르는 것이 있으면 옆에 적어둔다. 어느 날엔 '건강한 몸과 마음'을 가진 아이로 키워야겠다고 생각한다. 그리고 또 어느 날엔 '관용'이라 적었다. 자신과 타인에게 너그러운, 차이에 대한 인정을 할 수 있는 아이라면 삶을 살아가는 데 큰 고비를 현명하게 넘길 수 있지 않을까 해서.

아, 책임을 질 수 있는 용기를 가진 아이로 자랄 수 있도록 도와주는 게 부모로서 가장 잘한 일이 되지 않을까 싶기도 하고. 그러면서도 정말 내 아이가 꼴찌를 해도 관용과 용기가 있는 아이라면 그 아이의 미래를 믿어 줄 수 있을까? 되묻기도 했다. 그렇게 복잡해진 생각을 어쩌지 못해 결국 제자리걸음만 할 뿐이었다.

요즘 내 차엔 라디오 주파수가 한 군데 고정되어 있다. FM93.9 클래식 채널이다. 차를 타면 자연스럽게 오래된 음악이 흘러나온다. 클래식 음악을 듣지 않았다. 자장가가 필요할 때 딱 그때만 듣는 음악이 내겐 클래식이었다. 그마저도 아이가 커서 자장가를 틀 일이 없으니 또다시 뜸해졌다. 물론 애 낳기 전엔 아예 관심도 없었고.

나와 관계없다고 여기며 살았던 클래식을 듣기 위해 라디오 주파수를 고정해 놓은 이유는 하나였다. '충만함'을 느끼려고.

한 책에서 보았다. 고전이 주는 위대한 힘이 있다는 글을. 클래식을 들을 때면 가슴 아래에서부터 충만함이 차오른다고 했다. 전혀 공감 가지 않았던 그 글을 보면서 나도 한번 들어봐야겠다는 생각이 불현듯 들었다. 아니기만 해봐라.

운전할 때 주로 음악을 들으니 차 안에 라디오를 클래식 채널에 맞춰두자 생각했다. 그리고 몇 달이 지났다. 여전히 작곡가 이름도 쉬이 외울 수 없다. 노래 제목은 또 어떻고. 참, 어려운 음악이다.

하시만 그사이 발견한 사실이 하나 있다. 예상치 못한 순간에 만난 충만함이 삶을 더욱더 풍요롭게 해준다는 사실.

의식도 못 하던 라디오에서 기가 막히게 좋은 곡을 만날 때가 있다. 생전 처음 들어보는데 가슴에 훅하고 꽂히는 선율.

물론 제목도 작곡가도 또 어느 오케스트라가 연주한지도 모른다. DJ가 해주는 곡 소개를 제대로 알아들은 적이 없다. 클래식에 기본 지식이 전무하니 내겐 러시아어도 불어도 영어도 심지어 한국어도 외계어 같다. 하지만 그런 건 중요치 않다. 그날 하루를 충만케 해줄 음악을 만났다는 사실만이 중요할 뿐.

그러면서 느꼈다. 세상 곳곳에 마음을 조금이라도 열어두면 삶은 훨씬 충만해진다는 걸. 동시에 번뜩 생각났다. 아이야, 충만하게 살거라! 하곤.

같은 삶 속에서도 많은 걸 느꼈으면 좋겠다고 생각했다. 공부 때문에 몸을 배배 꼬며 빛나는 시절을 어둠으로 보내지 않길 바란다. 공부도 재능이지 않은가. 내가 가지지 못한 그 재능을 아이에게 떠넘기지 않을 것이다.그 무엇에도 의욕을 느끼지 못하는 목석같은 아이로 자라지 않도록, 인생이 그저 그렇다고 느끼지 않도록, 자신과 타인에게 차가운 존재가 되지 않도록….

'그것이 너의 삶을 충만하게 만들어 준다면'이라는 마음으로 키우겠다고 다짐했다. 그리고 그 무엇보다 '자신에 대한 앎'에 게으르지 않은 인간으로 자랄 수 있도록, 자신이 가진 고유함을 사랑할 수 있는 아이가 될 수 있도록 도와줘야겠다고 생각했다.

그날, 오랫동안 답을 찾지 못한 채 이런저런 생각들로 적혀 있던 고자질 노트에 '충만'이라고 적었다. 진한 동그라미를 쳤다.

어떻게 키우고 싶은지 생각했으니 이젠 '아이가 삶에 충만함을 느끼려면?'에 대한 고민을 할 차례다.

질문은 꼬리에 꼬리를 문다. 생각은 끝없이 이어진다. 고자질 노트 역시 쉴 틈이 없다. 안다고 아는 것이 아니고 아는 것도 변하는 게 사람이라는 말을 들은 적이 있다.

열심히 쓰며 사유했던 흔적이 세월이 흐르면서 더욱더 단단해질 수도, 혹은 빛이 바래 쓸모없어질 수도 있다. 그럼 또 그때의 생각을 조용히 쓰면 되지 않을까.

변수 따위 두려워 말고 지금의 생각을 당당히 써나가는 일.

책임감이라는 단어가 졸졸 뒤를 따라오는 것 같은 기분이 든다.

책임감 있는 삶을 사는 것. 쓰는 일에서부터 시작될 수도 있다고!

취향이 있는 삶을 산다는 것

취향이라곤 없다. 이것도 괜찮고 저것도 괜찮은 채로 살아왔다. 나쁘지만 않다면 아니, 나빠도 나한테 직접적인 피해가 없다면, 그럭저럭 괜찮은 의견이라면 고민 없이 고개를 끄덕였다. 의견을 말하지 못하는 숙맥이라 그랬던 게 아니다. 정말, 난 다 괜찮게 느껴졌다. 게다가 딱히 내세울 만한 의견 또한 떠오르지 않았다.

학창 시절, 평소 부모님의 말씀을 곧이곧대로 듣지도 않아놓고선 결국엔 부모님의 의견을 따랐다. 그렇게 실업고 대신 인문고를 갔고, 대학에서 떨어져 재수하는 건 가정 형편상 곤란했던지라 성적에 맞춰 한 번도 고민해 본 적 없는 대학에 진학했다.

누군가 괜찮아 보인다고 하면 그 옷을 냉큼 샀고, 메뉴를 고르라고 하면 '아무거나'로 일관했다. 애정하는 음악도, 영화도 책에도 없었다. 심지어 사춘기 시절, 밤새 만든 플래카드를 들고 자신이 좋아하는 연예인을 향해 열렬히 환호하는 친구들의 모습이 이해되지 않았다. 나는 열성적으로 좋아하는 연예인조차 없었다. god의 손호영이 재민이를 살뜰히 보살피는 모습에 반해 god 노래를 찾아 들은 적은 있지만.

무던하게 살아가는 거로 생각했다. 사는데 별 탈 없으니 잘 살아가고 있다고 여겼다. 취향이 없어서 불편한 것은 없었다. 오히려 확고한 개인의 취향을 내세워 주변을 어리둥절하게 만드는 이가 불편했다.

'내 삶에 취향이란 것도 없었구나.'

좋아하는 음식, 좋아하는 색깔, 감명 깊게 읽은 책이나 영화, 좋아하는 작가, 갖고 싶은 것, 현재 꾸는 꿈, 이루고 싶은 일….

나에 관한 질문으로 가득 찬 질문지를 보면서 명쾌한 답 하나 쓰지 못하다니. 놀라워라.

어려울 것 전혀 없는 문제 앞에서 답답하게 앉아만 있으니, 그 상황이 낯설기만 했다.

애를 낳아 키운 지 일 년 반이 지났을 무렵의 일이다.

'난 누구인 거야.'

〈82년생 김지영〉 영화를 봤다. 자매 사이에서 자랐고, 아들이 없다고 부모님은 물론이거니와 할머니, 할아버지 역시 섭섭해하지 않으셨다. 초등학교에 다니던 시절의 일은 오래되어 그때 내가 여자이기 때문에 어떤 차별적 대우를 받았는지는 기억나지 않는다. 여

중, 여고를 나왔으며 대학 역시 여자가 많은 과였다. 그 후론 늘 유치원에서 근무했기 때문에 단 한 번도 유리천장에 대한 분노를 느껴본 적도 생각해 본 직도 없다.

결혼할 땐 직장을 그만둔다는 생각에 들떴고, 그 후론 일을 다시 하고 싶지 않았다. 나를 무척 잘 챙겨주셨던 시어머니는 쌍둥이를 낳고 키우는 나에게 매일 "수고한다. 고생이 많다. 힘들어서 어쩌누"와 같은 말로 나의 힘듦을 인정해 주었음은 물론, 가게 일 중간중간 집에 올라와 아이들과 잠깐이라도 놀아주려고 애쓰셨다. 내가 편할 수 있도록 배려해 주려고 최대한 노력하셨다. 정대현(공유)처럼 잘생기지 않았지만, 정대현만큼이나 자상하고 다정한 남편은 가사와 육아에 전폭적으로 합세를 했고, '네 일 내 일'을 따지지 않았다.

그렇게 지내와 놓고선 영화를 보내는 내내 눈물이 났다. 나는 왜, 82년생 김지영을 보며 울었을까.

혼자 동분서주하며 아이를 키우는 김지영의 모습, 아기 띠를 허리에 두르고 어린이집으로 달려가는 모습, 아이와 짐 가방을 잔뜩 든 채 화장실에 가서 볼일을 보는 모습, "누군가의 엄마로, 아내로 사는 게 행복하기도 해요. 근데 가끔은 어딘가 갇혀 있는 기분이 들어요."라고 말한 그녀의 대사에 공감했다.

26개월 딸아이를 키우고 있었던 엄마 김지영의 모습이 꼭 나같아 보였다. 하지만 그 모습 자체가 내 눈물의 이유는 아니었다.

영화 마지막에 글을 쓰기 시작한 김지영의 모습을 보며 내가 글을 쓰기까지의 과정들이 떠올랐다.

취향이 없다고 느꼈던 순간부터 삶이 허무해지기 시작했다. 아이가 좋아하는 음식을 찾아내려고 갖가지 음식을 대령해 알아내면서 정작 나는 어떤 음식을 좋아했는지 생각해 본 적이 없다.

하루에도 몇 번씩 아이의 미래를 상상해 보면서 나는 어떻게 나이 들고 싶은지에 대해 고민해 본 적이 없다.

'왜 난 한 번도 나에 관한 생각을 해보지 않았을까.'

그동안 난 인생을 어떻게 산 건지, 내가 살아온 삶 자체가 부정당하는 것 같이 느껴졌다. 무얼 좋아하는지, 뭐가 하고 싶은지 아무리 생각해도 떠오르지 않아 답답했다.

김지영은 누군가의 엄마, 아내가 아닌 자신의 삶을 살아가고 싶다는 뜻으로 회사 복직을 꿈꾸기라도 했지. 난 삶은 허무한데 무얼하고 싶은지조차 몰라 한참을 방황했었다.

'난 어떤 삶을 살고 싶은 걸까?'

조그마한 아이 한 명이 태어났을 뿐인데 삶은 송두리째 바뀐다. 학교에 다니고, 직장을 다니며 생활할 때는 매일 같은 시간에 집을 나서, 별이 뜨면 돌아오곤 했지만 단 한 번도 내 삶이 없다고 생각해 본 적이 없었다. 취향이 없다는 것 자체를 의식하지 못했을뿐더러, 안다고 하여도 크게 신경 쓰지 않았을 것이다. 취향 같은 건 상관없이 지금 당장 재미있는 숱한 일이 넘쳐났으니까.

게다가 그 당시엔 엄마로 사는 사람들의 삶이 훨씬 자유로워 보였다. 집에서 살림만 하고 애만 키우면 된다고 생각했다. 아이 한 명 키워내는 일의 진짜 고됨을 그 당시엔 미처 알지 못했다.

겪어봐야 안다더니. 집 밖을 나서는 것조차 제약이 많았다. 화장실을 가는 것, 씻는 것, 먹는 것과 같은 기본적인 의식주 생활에 위협을 받았다. 그 쪼그마한 녀석 둘이서 나를 옴짝달싹하지 못하게 만들었다. 극한의 제약 속에 갇혀보니 그제야 '어쩔 줄 몰라 하는 나'가 '흐릿해져 가는 나'가 보이기 시작했다.

글을 본격적으로 써야겠다고 생각했을 때가 나에 대한 고민을 한참 했던 그쯤이었다. 글로 밥벌이를 해야겠다고 생각하고 시작하진 않았다. 그럴 자신도 없었고. 그저 글을 쓰면서 나를 자세히 알아가겠다는 마음이었다. 쓰다 보면, 쓰기 위해서 생각하다 보면 선명해질 것만 같았다. 노트북을 열기 시작한 이유다. 김지영처럼 아이를 어린이집에 맡긴 후 시간제 아르바이트 정도할 수 있게 되었을 때, 나는 돈을 버는 일을 택하는 대신 책상에 앉았다. 딱 다섯 시간의 자유시간이 주어지면 한, 두 시간은 청소하는 데 쓰고 나머지 세 시간은 오로지 읽고 썼다.

원래 꿈이 소설가였던 김지영과는 다르게 나를 들여다보기 위해서 글을 쓰기 시작했지만, 결론적으로 김지영과 같이 마음의 평화를 찾았다.

어느 순간부터 밝고 화사한 색깔이 좋아져 요즘엔 핑크를 자주 집는다는 사실도 알게 되었고, 눈물이 많은 게 콤플렉스라 슬퍼지려고 하는 순간 항상 내 허벅지를 꼬집고 있다는 사실 또한 새삼스레 발견했다. 그리고 요즘엔 눈물이 나면 그냥 울어야지 다짐도 했다. 글을 쓰거나 책을 읽는 순간을 가장 즐거워하며 혼자 노는 것만큼 타인을 만나는 일 역시 좋아한다는 걸 알게 되었다.

영화는 멜로/로맨스를 좋아하고 음악은 윤종신, 루시드 폴의 곡처럼 정적이면서 가사가 예쁜 곡이 나를 편안하게 해주어 즐겨듣는다. 성장하는 삶을 살겠다고 결심했고 그 결심대로 살기 위해 내가 할 수 있는 작은 일을 조금씩 해나가고 있다. 친절하고 상냥한 사람이 되고 싶고, 많은 순간에 충만과 풍요를 느낄 수 있는 삶을 꿈꾼다.

조금 더 나아가 꾸준히 써 온 글로 좋아하는 책을 사 볼 수 있는 용돈 정도 번다면 더 없이 바랄 게 없겠다고 생각하며 책상에 앉는다. 아이가 조금 더 커 일을 해야 하는 순간이 찾아온다면 이젠 주저 없이 일하러 갈 것이다. 현모양처로 남편과 아이를 위해 살아가겠다고 다짐했던 신혼 초의 결심들은 그렇게 바뀌어 흔적 없이 사라졌다.

글을 쓰는 김지영의 모습으로 영화가 끝나는 걸 보며 글로 말할 수 없는 답답함을 풀어냈던 내 모습이 떠올라 눈물이 났다. 그러니까 내 눈물의 진짜 의미는 어쩌면 그동안 고생했다는 스스로에 대한 위로였던 것 같다.

아이 하나 길러내는 일은 말처럼 단순하지 않다. 생각처럼 명쾌하게 진행되지도 않는다. 먹이고, 재우고, 놀아주는 단순한 그 일을 해내기 위해선 엄마의 인내와 고독이 필요하다. 가끔은 너무하다 싶을 정도의 희생도 요구되며 훅하고 가슴에 내려꽂히는 슬픔과 좌절 역시 존재한다.

아이로 인한 행복과 기쁨, 즐거움만큼이나 그러한 것들 또한 동시에 내게 온다. 행복과 기쁨이 쌓이면 삶의 활력이 되지만 허무를 동반한 눈물은 나 자체를 잠식시킨다. 내가 지하 저 끝 어딘가로 가라앉지 않도록, 엄마와 아내의 삶만큼 나의 삶 역시 수면 위에서 잘 떠 있을 수 있도록 우리에겐 자신을 위한 무언가가 꼭 필요하다.

그게 무엇이 되었건 본인에게 맞는 일을 찾았다면 참 다행이지만 그렇지 못한 채 여전히 방황하고만 있다면, 그래서 곧 심연 저 끝으로 가라앉아 버릴 것 같다면, 주저하지 말고 펜을 잡아보는 건 어떨까.

일단 내 취향을 찾아보는 간단한 일부터 시작하는 거다.

엉성한 어른으로 살지 않을래

언제 나는 가장 치열했을까? 떠올려보았다.

무언가에 불같이 맹렬했던 적이 있었을까. 삶의 어느 한순간이 라도 그러한 적이 내겐 없다. 최선을 다하여 몰두한 일 하나 없이 삼십 대를 훌쩍 넘긴, 엉성한 어른이 되었다.

물 흐르는 듯 삶을 살아왔다. 냇가에 흐르는 잔잔한 시냇물과 같 은 삶. 무난하다고 생각했지만 결국 무력하고야 만 삶.

내 인생을 쭉 적다 보면 '재미없게' 살았다는 생각이 들곤 했다. 제대로 공부를 하거나, 제대로 놀아보나 둘 중 하나는 해볼걸. 뭐 하나에 미친 듯이 빠져보기라도 할걸. 버킷리스트 같은 것조차 적 어본 적 없으니, 지금 생각해 보면 안타까워진다. 별 탈 없는 삶을 산 줄 알았는데, 선택하지 않은 삶을 살아온 건 아닐까 하는 의문 이 이제 와 드는 것이다.

'내 선택에 지고 싶지 않아 스스로와 싸우는 간절함'이 인생의 어느 한 부부엔 있었으면 삶은 좀 더 생생했을 텐데. 비록 싸움에서 처절하게 질지언정, 그로 인해 나의 한계를 뼈저리게 느끼게 될지언정 삶에 조금은 치열해도 좋았을 텐데.

다시는 돌아갈 수 없는 그 시절을 떠올리고 있다 보면 자연스레 내 아이의 미래가 상상되고, 동시에 근질거리는 입을 틀어막고 있을 내 모습이 보이는 것 같다.

사춘기 시절엔 자신에 관한 생각으로 힘든 시간을 보내긴 할까. 혈기 왕성할 20대 초입, 아이는 어떠한 문제를 가장 치열하게 고민하며 살아갈까. 훌쩍 자라 있을 아이가 설레게 궁금해지는 것이다. 괜한 참견은 약보단 독이 될 거라며 이성적으로 되뇌다가도, 결국 나지막이 다짐하게 된다.

'삶의 재미와 희열, 기쁨과 환희 같은 것은 직접 만들 때 선명해지는 거라고. 너의 삶에 스스로 온갖 관여를 할 때, 생생히 살아있음을 느끼게 될 거라는 귀띔이라도 해줘야지.'

아이의 삶에 일일이 간섭하는 엄마로 살고 싶은 마음은 추호도 없지만, 아무것도 일러주지 않는 어른이 되고 싶지도 않다. 청소년 드라마를 찍는 것도 아니고, 그게 현실 가능한 것일까 싶지만 다짐 정도는 할 수 있는 것 아니겠나.

완벽한 부모가 될 자신은 없지만, 인생 선배로서 의지할 수 있는 부모가 되어주고 싶다. 내가 되고 싶은 부모의 모습과 아이가 원하는 부모의 모습 사이에 괴리가 크지 않았으면 좋겠다. 아이가 클수록 어려워지는 것이 부모의 역할이라고 하던데. 그런 소리를 들을 때면 우선은 내가 나에게 부끄럽지 않을 정도의 인생관 같은 것이 있어야 하지 않을까 생각하게 된다.

그럴 때면 결국 할 수 있는 일은 나를 가다듬는 일이라는 생각이 든다. 지금보다 단단한 어른이 되려면 어떻게 살아야 할까 고민하게 된다. 요즘 아이들은 돈 많은 부모를 존경한다는 우스갯소리인지, 진담인지 모를 말을 어느 기사에선가 읽은 적이 있지만, 돈이 아이와 나 사이의 모든 것이 되지 않아야 한다고 생각한다. 돈이 있는 삶이 편한 건 사실이지만 돈만 있는 삶만큼 비루한 삶도 없다는 걸 무수히 많은 사례를 통해 보지 않았는가.

삶에는 철학이 있어야 한다. 특히 부모의 삶에선 더욱더. 어떻게 살아야 할 것인가에 대한 부모의 진중한 고민은 결국 자녀를 어떻게 기를 것인가와 맞닿아있기도 한다. 부모의 뒷모습을 보고 아이는 자란다는 말을 떠올릴 때마다 '잘 살아내야겠다'라는 생각을 하게 된다.

아이를 낳고 책을 읽게 된 건 그런 의미에서 더 없이 감사한 일이었다. 아이를 재우고 난 뒤 도무지 할 것이 없는 시골에서의 삶이 무료해 온갖 취미생활 끝에 잡은 것이 내 삶을 이토록 다르게 변화시킨 것이다. 책을 읽는 삶이라곤 살아본 적 없던 내가 자기계발서부터 소설, 시, 에세이까지 보게 되었는데, 지금 생각해 보면 수많은 삶을 엿볼 수 있었던 기회였다. 그로 인해 내 삶을 정면으로 바라볼 수 있었다. '난 과연 어떤 인간인가'라고 스스로 질문할 수 있게 된 것이다.

처음엔 한 달에 한 권을 읽기도 벅찼다. 그랬던 내가 이젠 글까지 쓴다. 아무리 생각해 보아도 인생이란 알 수 없다는 말이 참말인 것 같아 웃음이 난다. 타고난 것이 아무것도 없다고 생각하며 살았다. 공부도 노는 것도, 심지어 취미로 삼을 만한 무엇도 없이 삶을 살아온 것 같아 허망했다.

이젠 독서와 글쓰기를 취미라고 당당히 이야기한다. '와락 글방'의 주인장이 되어 온라인으로 만난 글벗들과 글쓰기 모임도 한다. 같이 육아 에세이를 쓰기도 하고, 또 삶을 살아가게 하는 가치들에 관한 생각과 글을 나누기도 한다. 취미로 시작한 글쓰기는 어느새 책 쓰기가 되어 작가라는 꿈을 새로이 꾸게 만들어 주었다.

글을 쓰기 위해 새벽에 일어난다. 새벽형 인간으로 평생을 살아왔던 내가 아침형 인간이 되었다. 새벽의 기운에 취해 잠이 드는 대신 새벽의 공기를 맡으며 일어나게 되었다. 무언가에 몰입한다는 것은 이토록 대단한 일이라는 걸 요즘에서야 새삼 느낀다. 재미없고 심심했던 내 인생이 즐겁고 생생해지기 시작했다.

처음 책을 읽게 된 이유는 아이에게 묶여 그동안 해 왔던 온갖 즐거운 일을 할 수 없게 되었기 때문이었다. 차선책쯤으로 생각했던 것이 이젠 나에게 최고의 선택이 되었다. 시간이 지날수록 더욱 그런 것 같다. 게다가 여태껏 찾지 못했던 취미활동을 찾은 것 같아 무척 기쁘다.

아이를 키우며 무난하게 할 수 있는, 나와 아이에게 동시에 도움이 되만 한 취미라는 것만으로도 모자라 책 읽기는 나에게 굉장한 선물을 하나 안겨주었다.

그것은 바로 '쓰는 삶'.

쓰는 것으로 내 안의 모든 것을 풀 수 있겠다는 것을, 맥주를 마시며 책을 읽는 것보다 책을 읽으며 글을 쓰는 것이 훨씬 나를 기쁘게 해준다는 것을 알게 된 후로 또다시 삶은 바뀌기 시작한 것이다.

나를 지켜내기 위해서 글을 쓰기 시작했는데, 이젠 쓰는 이 행위가 내 아이를 잘 키워내는 것까지 도와주고 있다. 오롯이 나를 위해 시간과 정성과 품을 들였더니 한결 다정하고, 부드럽게, 확신 있는 신념으로 아이를 바라볼 수 있게 된 것이다.

꾸준히 읽고, 종종 쓴다는 나의 말에 "타고났나 봐요."라고 말하는 이가 있다. 설마. 타고나지 않았다. 끈질기게 잡고 있을 뿐. 쓰기라면 나를 성장시켜 줄 수 있겠다는 확신이 들고나서부턴 놓지 않으려고 발버둥을 치고, 또 쳤을 뿐.

그러다 보니 글을 붙들고 있는 내 손아귀의 힘은 더욱 세졌다. 막히는 문장 앞에서 썼다 지우기를 반복하다 결국 써냈을 때, 엉켜 있던 생각이 마침내 가지런히 정리된 것 같았다. 생각이 명쾌해지는 순간, 삶은 더욱 선명해졌다. 그 쾌감을 이젠 못 잊어 쓰는 삶을 놓을 수가 없다.

내 삶을 글로 다시 본다. 내가 쓴 글처럼 삶을 살아가기 위해 노력한다. 시간 자체를 두 배로 늘릴 순 없지만, 삶을 두 배로 사는 방법은 있다는 걸 알게 되었다. 삶의 충만과 풍요는 물질적인 소유와 타고난 재능 같은 것이 없어도 느낄 수 있다.

선택이 비록 실패로 끝날지언정, 아무것도 선택하지 않은 것보단 훨씬 나은 것임을 이젠 안다. 실패로 끝난 그 일이 더 나은 길로 안내해 주기도 한다는 것을 경험으로 깨달았다.

지금의 나를 넘어서는 것만큼 나를 사랑하는 방법은 없다는 말을 마음 깊이 새긴 채 살아가기로 했다. 스스로 결정하는 주체성과 내 힘으로 나를 움직이게 하는 자발성, 그리고 내 선택에 대한 책임 정도는 질 수 있는 용기를 가진 삶을 살겠노라 결심했다.

평생토록 엉성한 어른으로 머물러 있지 않을 수 있어서, 촘촘해지려고 노력하는 삶을 살 수 있어서 참으로 다행이다.

제 삶에 중요한 가치 정도는 말할 수 있는 인간으로 살아가게 된 것이 참으로 감사하다.

게다가 무엇보다 내 아이에게 '나 때는 말이야!'라는 말 대신, 인생의 신념을 몸으로 보여주는 부모가 되겠노라 다짐한 것이 더없이 기쁘다.

chapter 3

엄마에겐 꼭
필요한 것이
있다

엄마의 일

엄마의 손길이 여전히 많이 필요한 첫째 딸, 또래 아이와는 조금 다른 '특별한' 둘째 아들, 그리고 예정에 없었던 갓 태어난 막내, 집에 오면 잠잘 때까지 게임만 하느라 아내에게 전혀 관심이 없는 무정한 남편. 세 남매의 엄마이자 썩을 놈의 아내인 '마를로'에겐 평화로운 시간이 잠시도 없다. 끝나지 않는 살림과 육아로 매일 전쟁이다. 그 와중에도 아이들에게 '예쁜 컵케이크' 하나 구워주지 못하는 자신을 나쁜 엄마라고 이야기한다.

영화 〈튤리〉 속 한 장면이다. "못 이룬 꿈이라도 있다면 세상을 향해 화라도 냈을 텐데, 그저 나한테 화풀이해요."라고 말하는 그녀는 아이들이 잠든 늦은 저녁 티브이 앞에서 과자를 먹으며 성인 리얼리티쇼를 보는 거로 하루를 마무리한다.

많은 엄마가 실제로 마를로 같은 모습으로 지내고 있지 않을까. 나 역시 그랬다. 애가 하나 건 셋 이건 엄마의 일을 해내기 위해서 자신은 포기한 채 지낸다.

"자기 관리도 해야 좋은 엄마가 돼요."

마를로의 야간보모 '튤리'의 말을 들으며 연신 고개를 끄덕였다. 세수하고, 운동하고, 자신을 위해 조금의 시간을 내는 일 같은 것도 엄마가 되고 나선 '관리'의 영역에 속하게 된다. 아이를 낳기 전이었더라면 큰 힘을 들이지 않고도 해낼 수 있는 많은 일이 엄마에겐 버겁다. 엄마도 관리가 필요하다는 말. 자신을 더욱 아끼고 사랑해야 한다는 말일 것이다. '외적' 관리는 물론 '내적' 관리까지.

애 낳기 전 몸매와 진한 화장, 화려한 옷. 이러한 것만을 이야기하는 것이 아니다. 안에서나 밖에서나 아이가 울면 젖부터 내줘야 하고 화장은 고사하고 세수도 제대로 못 한 채 지내는 날이 허다하지만, 여전히 나를 사랑하고 있으며, 나 자신은 무척 귀한 존재라는 다정한 속삭임은 꾸준히 필요하다.

다 된 패션에 아기 띠를 뿌려야 할지언정 가끔은 예쁜 옷도 꺼내 입고, 화장도 하고. 또 틈틈이 스트레칭도 해줘야 하는 이유 역시 그러한 맥락이다.

아이 셋을 키우느라 포기한 것이 너무나 많은 마를로가 자신의 삶이 무의미하다고 느끼고 있을 때 튤리는 그녀에게 잘살고 있다고 위로의 말을 건넨다.

"가족을 위한 당신의 단조로운 일상은 모두에게 소중한 선물이에요."

여기에서 '모두'란 엄마를 뺀 나머지 가족을 말하는 걸까? 아니면 엄마도 포함한 '모두'일까. 당연히 '엄마도 포함한' 모두가 되어야 한다. 하지만 우린 때때로 그걸 잊고야 만다.

쌍둥이를 낳고 남편과 번갈아 가며 새벽 보초를 섰던 그 시절, 하루도 제정신인 날이 없었다. 정신은 몽롱하고 몸은 쑤시고. 밤새워 그렇게 보초를 섰으면 낮이라도 편해야 할 텐데 이 두 녀석에게 그런 배려를 바랄 수도 없는 노릇. 쪽잠을 자고 살려고 밥을 먹었다. 사람이 피폐해지는 건 그야말로 순식간. 몸과 마음이 닳아 거칠어져 버렸다.

'누가 건들기만 해봐! 곧바로 물어 버릴 거야.'

새끼를 낳은 지 얼마 되지 않은 어미 개처럼 신경을 곤두세운 채 지내기도 했다. 날이 바짝 서 있었다. 몸도 피곤하고 마음도 지쳐 있었다.

잠시라면 그러려니 하고 넘어갈 수 있지만 안타깝게도 육아는 잠시가 아니다. 수개월만 지나면 훌쩍 자라 제 밥 정도는 알아서 먹을 수 있는 강아지처럼 아이는 훅하고 크지 않는다. 길다면 긴 시간을 오롯이 아이에게 쏟아부어야 한다. 분명 큰 것 같은데 아이가 크면 크는 대로 할 일이 쌓여간다.

이유식을 하면 젖을 물리지 않아 편한 줄로만 알았는데 그 나름의 고충이 있고, 아이가 뛰어다니게 되면 기어 다닐 땐 겪어보지 못한 그때의 힘듦이 있다. 오랜 시간 이어져 오는 그러한 생활은 나도 모르는 사이에 '나'를 바꿔 놓는다.

나만 닳고 있다는 느낌, 나만 희생하고 있다는 생각은 결국 가시 돋친 나를 만든다. '내가 이렇게까지 했는데, 어떻게 그럴 수 있어?' 비극은 그렇게 시작된다. 나는 물론이거니와 가장 소중한 가족까지 나의 가시에 찔려 버릴 게 뻔하다. 뜻하지 않게 모든 가족이 상처를 안고 살아가게 될 수도 있다. 내 삶이 그렇게 흘러가는 건 정말 원치 않는다.

우린 서로에게 사랑을 주고, 사랑받기 위해 만난 존재들 아닌가. 그럼 어떻게 해야 '모두'에게 나의 하루가 선물이 될 수 있을까. 지금, 이 순간이 귀한 시절로 '모두'에게 남으려면 어떻게 해야 하는 걸까.

영화 〈튤리〉에서 마를로는 텅 빈 자신을 육체적, 정신적으로 도와줬던 야간 보모 튤리 덕분에 삶이 회복된다. 텅 비어 버린 자신을 채우기 위해 노력한다.

"겉으론 멀쩡해 보여도 자세히 들여다보면 컨실러 범벅이죠."

자신의 상처를 컨실러로 잠시만 지우며 살았던 그녀는 삶 전체를 치료해야 한다는 사실을 깨닫는다.

많은 이들이 컨실러를 사용해 마음에 생긴 속상함과 힘듦, 상처를 일시적으로 지워 버린다. 컨실러로 덧난 부분을 최대한 티 나지 않게 잠깐 지워둔 채, 남들 앞에선 괜찮은 척 웃고 만다. 이내 컨실러로 지워놓은 자신의 진짜 마음은 잊어버린다. 그리곤 괜찮은 줄 알고 살아간다.

그렇게 상처 난 부분은 지금 당장 보이지 않게 지워둔다고 해서 괜찮아질까. 결국, 그 상처는 없어지지 않은 채 그대로 남아 있다. 땀만 조금 흘려도 지워져 버리는 화장으론 모든 걸 덮을 수 없다. 그렇게 방치한 상처는 결국 곪아 터져버릴 뿐이다.

영화 속 마를로가 자신의 상처를 어떻게 치유했을까에 대한 이야기는 잠시 접어두겠다. 반전이 있는 영화는 직접 봐야 제맛이니까.

쌍둥이를 키우며 초반에 몇 개월은 몸이 참 힘들었다. 처음 겪는 엄마의 일에 마음 역시 고됐다. 하지만 오랜 시간 그러한 상태로 지내지 않았다. 금세, 삶의 활력을 찾았다.

물론 내겐 마를로의 남편과 같은 '썩을 놈'이 아닌 의지할 수 있는 '육아 동지'가 곁에 있다. 내 마음을 누구보다 잘 헤아려 주는 사람이 곁에 있다는 것은 말로 표현할 수 없을 정도로 큰 힘이 된다.

게다가 힘들 때마다 파고 들어가 몸을 웅크리고 쉴 수 있는 돌파구가 내겐 있었다. 책을 읽었고, 글을 썼다. 마를로가 과자를 먹으며 리얼리티쇼를 본 것처럼. 하지만 그것이 그녀의 '마음 다스림'에 큰 도움이 되지 못했던 이유가 있다. 나와 달랐던 분명한 차이가.

그녀는 자신은 외면한 채 다른 것만 보았다. 위로를 받아야 하는 건 나의 마음인데, 들여다봐야 할 곳은 내 안인데, 마를로는 그러지 못했다.

오늘 하루가 어떠했는지, 무엇이 힘들었는지, 지금 가장하고 싶은 게 무엇인지 리얼리티쇼를 보며 자신에게 묻지 않았다. 오늘 하루도 수고가 많았다고, 내 도움에 모두 따스한 하루를 보낼 수 있었다고 자신에게 이야기해 주지 않았다. 자신의 힘듦을 남편과 아이들에게 어떻게 표현하는 것이 좋을지에 대한 고민 역시 하지 않은 채 참고 또 참기만 했다.

"말을 하지 않으면 몰라!"라는 말은 사랑 투정에만 쓰이는 말이 아니다. 스스로에 대한 인정과 칭찬, 존중과 사랑 같은 것 또한 나에게 이야기해 주어야 한다. 지금 무척 잘 살고 있다고. 기특하다고.

남편이나 주변 사람들에게 그러한 말을 듣는 것도 좋겠지만, 결국 진정한 마음의 평화는 자신에게 따스하고 다정한 말을 건넬 수 있을 때 생겨나는 것이 아닐까.

내가 나를 인정하지 못하면, 그 어떤 말도 텅 빈 껍데기에 불과할 뿐. 아무런 위로도, 치유도, 힘도 되지 않을 게 뻔하다.

자신에게도 굿나잇 키스를 해주어야 한다.

"오늘도 크느라 수고했어."

자는 아기를 향해 쏟는 사랑 중 단 한 줌만이라도 나에게 쏟아야 한다.

"오늘도 엄마로 또 한 인간으로 자라느라 참 고생했어."

그 한마디가 우리에게도 꼭 필요하다.

여전히 아이 위주로 내 삶은 돌아가고 있다. 내 배는 곯아도 아이 배는 채우려 분투한다. 쉬고 싶어도 아이의 울음에 벌떡 일어나 쫓아가며, 아이의 바이오리듬에 맞춰 나의 일정을 짠다.

엄마의 손길이 없인 혼자 해낼 수 있는 것이 두 돌 아이 두 명을 동시에 돌본다는 건 내 시간과 에너지 대부분을 여전히 아이에게 쏟아붓고 있다는 뜻이기도 하다. 한정된 시간 안에서 내가 하고 싶은 모든 것을 하며 살진 못한다. 아이에게 쓰는 시간과 노력을 나에게 똑같이 쏟는다는 건 여전히 무리다.

하지만 그에 버금가는 정성을 나에게 쏟을 순 있다. 아이에게 내어주는 시간에 비하면 턱없이 적지만 하루에 한두 시간 나를 위해 쓴다. 진하게 달인 정성을 나에게 준다.

오롯이 나를 위한 소중한 토닥임의 시간을 갖는다. 쓰고, 읽으며.

각자가 원하는 다른 무언가를 하며 보내도 괜찮다. 나를 꼭 끌어안아주기만 한다면 그 무엇이든 상관없다. '내가 제일 좋아하는, 그래서 나의 기분을 한껏 행복하게 해줄' 티브이 프로를 본다면 그것도 괜찮을 것 같다. 마를로처럼 습관적으로 '그냥' 틀어놓고 보는 게 아니라면.

흐른 그 시간만큼, 아이는 거짓 없이 자라 있다. 나의 모든 시간을 나눠줘야 할 시기는 정해져 있다. 어쩔 수 없는 건 견뎌낼 수도 있어야 한다. 시간이 차곡차곡 쌓일수록 엄마의 손길을 필요로 하는 순간 또한 차츰 줄어들 테니까.

　지금 내가 할 수 있는 건 지금의 나를 꽉 끌어안아 주는 일. 내 감정을 잘 다독여 흘러가게 만드는 일이다. 고여 있는 물은 썩듯 감정 역시 그러할 터. 내 가슴을 짓누르는 감정은 잘 다독여 흘러가게 만드는 건 아이를 지켜내는 일만큼이나 중요한 '엄마의 일'이다.

녹지 않는 초콜릿

"지금 그쪽 모든 게 마음에 들어요."

"지금이야 그렇죠. 그런데 곧 거슬려 할 테고 난 당신을 지루해할 거예요."

서로가 가진 다른 매력에 이끌려 사랑에 빠져들지만, 시간이 흐르면서 상대에 대한 감정이 점점 식어간다. 결국, 해선 안 될 말을 하며 싸우게 된 후 여자 주인공은 '라쿠나'라는 기억을 지워주는 회사에 가서 남자에 대한 모든 기억을 지워버린다. 화해하려고 찾아간 남자는 자신을 처음 본 사람인 양 대하며 이미 다른 남자를 만나고 있는 여자를 보고선 분노한다. 그리고 얼마 뒤 자신에 대한 기억을 완전히 지워버렸다는 놀라운 사실을 알게 된다.

화가 난 그 역시 '라쿠나'를 찾아간다. 그녀에 대한 모든 기억을 지워달라 이야기한다.

영화 〈이터널 선샤인〉의 내용이다. 남자가 잠이 든 밤중에 상대와 관련된 기억을 완전히 삭제해 버린다. 기억은 최근 것부터 거꾸로 지워진다.

최근의 기억은 당연히 사이가 좋지 않았던 두 사람의 모습이다. 하지만 시간이 계속 거꾸로 돌아갈수록 사정이 달라진다. 달콤했던 순간들이 나타나기 시작한다. 오래전이라 기억조차 하지 못하고 있었던 아름다운 순간들이 하나, 둘 되살아나는 것이다.

그리고 지금과 다른 그 당시의 자신을 보게 된다. 여자에 대한 좋은 감정을 가득 안고 있는 자신의 모습을. 잊고 있었던, 놓치고 살았던 순간과 그때의 감정들이 떠오르자 사랑했던 사람에 대한 기억을 간직하고 싶어지는 것이다. 기억이 삭제되는 것을 막으려고 남자는 그때부터 발버둥 친다.

일기장을 들춰 보는 기분이었다. 최근에 대한 기억은 굳이 하려고 애쓰지 않아도 자연스레 떠오른다. 하지만 일 년, 이 년… 몇 년이 지난 기억과 그때의 감정은 어렴풋이 떠오를 뿐 선명하지 않다. 게다가 시간이 흐르면서 기억은 바뀌기도, 또 사라지기도 한다.

남자 주인공 조엘이 클레멘타인과의 사랑 이야기를 기록해 두었다면 어땠을까. 자신의 아름다운 과거를 지우고 싶지 않아 발버둥 치는 꼴은 면하지 않았을까. 뭐 그래 봤자 영화의 내용을 바꾸지 않았겠지만.

아주 사소한 하루와 가장 솔직한 감정을 적을 수 있는 곳이 바로 일기장이다. 나도 이따금 일기를 써 왔다. 결혼하고부터 일기를 쓰기 시작했으니 6년 정도 되었나.

똑같은 회사의 일기장이 책장에 나란히 꽂혀 있다. 가지런히 꽂혀 있는 일기장을 볼 때마다 근사한 전집을 보고 있는 것처럼 든든하다. 저 일기장 안엔 나의 6년이 고스란히 남아 있다.

6년 전, 그러니까 내가 20대 후반에 쓴 다이어리를 우연히 펼쳐보았다. 그땐 일기를 쓸 때 포켓 사진도 뽑아서 붙여두고, 스티커로 아기자기 꾸며놓기도 했다. 영화표나 입장권도 일기장 사이에 끼워져 있다. 기념으로 모아둔 것이겠지. 아기자기하게 적혀 있는 일기를 보니 그 시절의 나와 지금의 나가 조금 달라졌나 싶어 웃음이 난다. 지금은 그저 글자만 써 내려갈 뿐. 아기자기함이라곤 없다.

일기를 들춰 볼 때가 있다. 인생이 즐겁기만 한 때엔 현재에 취해 일기장을 볼 생각조차 하지 않지만 삶을 살다 몸과 마음이 고되어 활력이 필요한 순간이면 고스란히 남겨져 있는 예전의 나에게 힘을 얻곤 했다.

과거의 내 일기를 보며 그때의 감정을 다시금 선명하게 떠올린다. 아이 때문에 무척 힘이 든 날엔 아이를 가지기 위해 병원에 다녔던 그 당시 나를 들춰 본다. 그리고 아이를 막 출산한 그때의 나를 찾아보기도 한다. 그렇게나 애틋할 수가 없다. 이 작고 소중한 두 녀석을 낳고 손도 대기 겁냈던, 보는 것만으로 눈물이 났던 그 당시의 나를 만나고 온다.

매일 지지고 볶고, 우당탕 정신없이 소란스러운 일상을 겪고 있노라면 2년 전 아이를 만나고 느꼈던 그 감정은 떠오르지조차 않는다. 한시도 가만히 못 있게 나를 들들 볶는 두 아이 때문에 "이것들이 진짜!" 울컥울컥 화가 솟구친다.

'내가 무슨 부귀영화를 누리려고 자식을 둘이나 낳았나.' 싶을 때 딱 그때 처방할 수 있는 명약이 바로 과거의 내가 고스란히 담겨 있는 일기장이었다.

기억은 잊히고 가장 가까운 과거의 감정만 내게 남는다. 오래전 느꼈던 아름다움은 빛이 바래 잘 떠오르지 않지만 당장 어제 나를 힘들게 했던 아이들에 대한 욱한 분노 또는 좌절은 선명히 나에게 남아 있다. 일기를 들춰 보는 이유다.

소중하다고 여기던 이 순간도 세월이 흐리고 시간이 쌓이다 보면 닳고 빛이 바래 기억조차 나지 않게 될지도 모른다. 뇌의 용량은 한계가 있고 그 한계를 초과할 수 없기에 과거의 것들을 하나씩 지워나가게 되니깐.

물론 엄청난 사건이나 특별한 일들은 수십 년이 흘러도 잊히지 않는다. 하지만 나를 곧잘 행복하게 만들어 주었던 일은 일상 속 소소한 기쁨이었다.

울적해 하던 나를 위해 남편이 외진 숲속에 있는 책방을 데려가 주었던 일, 키즈 카페에서 엄마의 물건을 마음대로 가지고 가는 아기를 본 둘째가 늠름한 표정으로 그 아기의 손에 있던 물건을 빼앗아 나의 손에 다시 쥐어주었던 일, 손수건 한 장으로 온몸이 덮이는 게 너무 신기해서 작고 작은 아이를 오랫동안 지켜보았던 일…. 나에겐 큰 의미가 있지만 아주 사소해서 곧잘 잊히고 마는 이러한 것들에 대한 기억은 오래 간직해 뒀다가 힘든 날 꺼내먹고 싶은 초콜릿 같은 것들이다.

잘 잊혀 꺼내먹기도 전에 녹아 없어져 버릴 때가 더욱 많은 그런 것들. 나의 현재를 기록해 두는 이유가 무얼까. 일기는 나에게 어떠한 쓸모가 있을까. 그 순간의 감정을 퍼부어놓을 수 있다는 것. 오래 지나 잊히고만 내 삶의 소중한 한 조각을 다시금 되찾을 수 있다는 것. 닳고 희미해져 버린 그 당시의 감정이 생생히 되살아나 지금 나에게 작은 빛이 되어준다는 것. 잊고 만 작은 결심과 다짐을 다시 만날 수 있다는 것. 그 당시엔 부정하고만 아프고 힘든 순간조차 내 삶의 일부라는 걸 뒤늦게나마 인정할 수 있었던 것. 그로 인해 지금의 내가 더욱더 단단해졌다는 것. 일기를 쓰지 않는 어떤 이보다 훨씬 더 많은 삶을 간직하고 살아갈 수 있다는 것. 풍요롭고 충만한 삶이라는 건 결국 이 작은 순간들의 합이라는 것. 지금, 이 순간에도 과거가 되어버리고 마는 나의 현재를 귀하게 여길 수 있게 되었다는 것.

학교에 다니던 시절 억지로 썼던 그 일기조차 30년이 지난 지금 들춰 보면 그렇게 좋을 수 없다. 잃어버렸던 소중한 물건을 장롱 밑 구석 어딘가에서 발견한 것 같은 기분이다. 어린 시절의 나와 지금의 내가 만날 수 있는 제3의 공간, 아련하기도 재미있기도 또 힘이 나기도 하는 공간은, 그렇게 만들어진다.

지금 내가 쓰고 있는 일기 역시 30년 뒤의 나에게 빛이 되고 위로가 되어준다고 생각하니, 어쩐지 오늘의 일기는 더욱 정성 들여 쓰고 싶어진다. 30년이 지나도 녹지 않을 초콜릿이 있다니.

끄적끄적, 일기 쓰는 이 시간을 점점 사랑하게 된다.

자기 정치를 하는 삶

"예전엔 ∨ 모양이었다면 요즘은 ∧모양으로 바뀌었어."

"그게 뭔데?"

"너 눈썹 모양."

성격이 예전보다 좋아졌다는 말을 저렇게 신박하게 표현하다니. 픽 웃으며 생각했다.

'나만 그렇게 생각했던 게 아니구나.'

꽤 오랜 시간을 알고 지낸 그녀가 농담처럼 툭 던진 그 말은 내 마음에 걸려, 오랫동안 잊히지 않았다.

요즘 느끼고 있었다. 눈에 띄진 않지만, 예전과는 조금 달라졌다는 것을. 웬만한 일엔 화가 잘나지 않더라니. '그럴 수 있지 뭐.'라는 말이 쉽게 툭툭 나오더라니. 뭐라고 명확하게 말하긴 어렵지만, 어쨌든 달라졌다는 것을 느끼고 있던 나에게 그녀의 말은 나를 잠시 멈춰 세우기에 충분했다.

'무엇이 나의 눈썹을 내려오게 했을까.' 그날 밤, 그녀의 말을 곰곰이 곱씹었다.

사람의 성격은 그렇게 쉽게 변하지 않는다. 성격이라는 것은 한순간에 만들어지는 것이 아니니까.

켜켜이 쌓인 세월과 내가 가진 외적, 내적 환경들에 의해서 서서히 고정되어간다. 딱 그 사람만이 가질 수 있는 색. 사람의 고유성엔 성격 또한 스며들어 있다. 사회생활을 하기 위해 나의 고유성을 조금 묽게 만들 수는 있다. 타인과 섞여 생활하기 위해선 내 성격을 완전히 내보이며 살긴 어려우니까.

어린아이도 유치원에서 하는 행동과 집에서 하는 행동이 조금은 다르다. 유치원에 근무하던 시절, 엄마들의 단골멘트가 바로 그것이었다.

"집에서는 천방지축, 제 멋대로인데 원에선 규칙을 잘 지킨다고요?"

"집에서 하는 행동이랑 너무 달라요."

우리는 지극히 개인적인 존재이기도 한 동시에 사회적 동물이기도 한 것이다. 그 때문에 때와 장소에 따라 그에 적합한 가면을 나에게 씌우며 살아간다.

덤벙거리고 꼼꼼하지 못해 집에선 늘 물건을 잃어버리면서 직장생활을 할 땐 그것을 보완하기 위해 곳곳에 메모하여 붙여놓고, 또 알람을 맞춰두는 것처럼.

하지만 그런 노력에도 불구하고 완벽하게 나를 바꿀 순 없다. 원래부터 섬세하고 꼼꼼한 성격을 가진 직장동료 앞에 있으면 나의 노력은 우스워지곤 하니까. 개인이 가진 고유한 성격은 어떻게든 묻어나기 마련이다.

친구가 내게 한 말은 나의 고유한 특성이 확 변했다는 뜻은 아닐 것이다. 수십 년간 쌓여온 내가 단 몇 개월 사이에 그렇게 완전히 변하는 건 어려운 일이니까. 성격이 바뀌었다는 뜻이 아니라면 도대체 무엇 때문에 내 눈썹은 내려간 것일까? 늘 어딘가 까칠한 구석이 있던 내가 조금은 유연해진 데엔 어떤 이유가 있는 것일까?

내가 중요하게 생각하게 된 새로운 가치가 생겼다는 뜻인 것 같다. 전에 없던 새로운 가치가 생기고 난 후, 그 가치를 지켜나가기 위한 노력이 친구의 눈엔 '눈썹이 내려간 나'로 비친 게 아닐까 싶다.

그러니까 성격이 변했다기보단, 삶을 살면서 중요하게 생각하게 된, 전에 없던 새로운 가치가 생겨났다는 뜻.

그렇다면 나에겐 어떠한 새로운 삶의 가치가 생긴 걸까.

되돌아보면 늘 '내 기준'에서 모든 걸 생각하고 판단했다. 다른 생각 앞에서 '그럴 수도 있겠구나!'라고 생각하기보단 지적을 먼저 했다. "그건 아니지!" 경청과 공감보단 비난과 판단이 나도 모르게 먼저 나왔다. 상대방의 기분보다는 내 말이 더 옳다는 것을 증명하려는 듯이.

처음부터 상대방의 기분을 나쁘게 만들려고 했던 의도는 아니었지만, 결과적으론 내 말에 상대방의 기분이 상하곤 했다. 보이지 않는 신경전과 언쟁을 벌이는 순간 또한 생겨났다.

한참 뒤에 깨달았다. 해야 할 말은 하고 사는 시원한 성격이 아니라 '편협하고 고집스러운 나'였다는 걸.

많은 양의 글을 읽은 건 아니지만 그간 보아왔던 책을 통해 나의 삶을 되돌아볼 수 있었다. 생각하지도 못한 삶의 중요한 가치를 깨달을 수 있었다. 여태 내가 옳다고 믿은 신념을 의심하기 시작했다. 내 세계는 그렇게 한차례 무너졌다.

잘못 산 것 같다는 생각에 자괴감에 빠지기도 했지만, 이제라도 알게 되어 참 다행이라는 생각으로 무너진 탑을 다시 쌓아 올렸다. 책이 나의 어느 한 부분을 무너트렸고 무너진 것을 다시, 다른 모습으로 쌓아 올리는 데 힘을 보태주었다. 예전엔 마음에 품고 살지 않았던 삶의 가치들을 지금은 소중하게 여기며 살아가려고 노력한다.

감사하는 마음을 가지는 것.

진심 어린 감사는 보잘것없어 보이는 삶의 한 조각마저 반짝이게 해준다. 소중한 순간을 귀하게 만들어 주는 것 역시 '감사의 마음'이다.

나의 말이 옳다고 목에 핏대를 올려 말하는 것보다 나에게 자신의 마음을 털어놓는 친구가 있다는 사실 자체에 '감사'하게 되는 순간, 친구의 말에 진심으로 귀를 기울이게 된다. 정성을 다해 마음을 쏟을 수 있다.

'집순이' 기질이 다분한 나를 기꺼이 불러내 주는 친구가 있다는 사실, 어쩌면 극도로 이기적인 인간이 되어버릴 수도 있었을 내게 손을 내밀어 주는 친구가 곁에 있었다는 것이 어느 날, 문득 몸서리 치게 고마웠다.

거제도까지 나를 보러, 아니 거제도에 놀러 왔다가 잠시 우리 집에 들러주기만 해도 마음이 날뛰었다. 그리고 이내 생각했다. 나도, 누군가와 함께하기 위해 노력하는 인간이 되어야겠다고. 나의 손길과 눈짓이 문득 나와 함께 하는 누군가의 마음 한구석을 따스하게 만들어 줄 수 있다면 얼마나 기쁠까.

다정한 온기는 어디에서 뚝 하고 떨어지는 것이 아니었다. 손끝에서, 마음 끝에서 전해진다. 내 주변을 따스하게 만드는 그 일을 게을리하지 말아야지.

독서 모임을 하면서도 느꼈다. 낯선 타인과의 대화가 어쩜 이리도 편할 수 있을까. 독서 모임을 나가기 위한 준비물은 딱 하나. '나와 다른 생각마저 열린 마음으로 들어줄 것'

거기에선 "그 생각은 틀린 것 같은데요?"라는 말은 하지 않는다. 왜냐하면, 나와 다른 생각을 듣기 위해서 나가는 자리니까. 우린 정답을 맞히기 위해 모인 것이 아니라 제각기 느낀 점을 듣기 위해서 모인다. 그리고 그 제각기 다른 그 지점 때문에 생각은 깊어지고,

넓어진다.

물론 처음부터 재미있었던 것은 아니다. 제일 처음 모임을 나갔을 때 혼란스럽기까지 했다. 왜 한 권의 책으로 나누는 이야기가 이토록 중구난방일까 싶어서. 정답을 맞히는 것에, 또는 내 생각을 옳다고 주장하는 삶에 익숙했던 나에게 그러한 경험은 낯설기만 했다.

곧 알게 되었다. 진정한 독서란 나 혼자 읽고 마는 것이 아니라는 것을. 나와 다른 사람의 온갖 차이를 받아들일 때 비로소 깊이 있는 독서가 이루어질 수 있는 것을. 관용이란 차이를 인정하는 것에서부터 시작한다면 나는 관용의 태도를 책을 통해, 함께 책을 읽었던 사람을 통해 배운 것 이리라.

'자기 정치'라는 말을 들은 적이 있다. 타인의 정치를 비판하는 것이 아니라 나 자신부터 새롭게 '정치하자'라는 생각. 그동안 내가 다른 사람에게 보냈던 온갖 비판이 한없이 부끄러워지는 말이다.

나의 잘못, 나의 허점과 단점을 인정할 수 있을 때, 삶의 곳곳에서 기분 좋은 변화가 일어난다.

뭐, 올라갔던 눈썹이 내려오는 기적 같은 일이.

과거의 나를
만나야만 하는 이유

　만약 결혼하지 않았다면, 아이를 낳지 않았더라면 지금의 나는 어떠한 삶을 살아가고 있을까.

　아주 가끔 이러한 질문이 불현듯 떠오를 때가 있다. 유쾌함보단 한숨이 뒤섞인 그런 질문은 보통, 현재 어느 한구석이 만족스럽지 않을 때, 이 순간에서 벗어나고 싶을 때, 괜히 내 처지가 예전보다 초라해진 것 같을 때 떠오르곤 한다. 끈적끈적, 불쾌한 생각에 허우적거리는 이유에 대해선 뭐라고 꼬집어 이야기할 만한 것은 없다. 단지 불현듯 울적해지는 것이다.

　내 주변은 변한 것이 아무것도 없다. 어제와 같이 두 아이가 내 곁에서 뛰어다니고 있다. 남편이 크게 애를 먹인 것도 아니다. 분명 어제는 이 모든 것에서 행복을 느꼈었는데, 오늘은 영 탐탁지 않다.

　내가 가진 것들이 갑자기 초라해진 것이 아니라 그것을 바라보는 내 마음의 눈이 빛바랜 것이리라. 무엇이 빛을 잃게 만든 것일까. 나의 지금에, 나의 세계에 불을 꺼버린 것은 무엇일까.

지금과는 다른 자유의 몸, 월급이 꼬박꼬박 나왔던 직장, 챙겨야 할 것이라곤 내 몸뚱이 하나였던 그래서 어디든 훨훨 날아다닐 수 있었던 과거의 나. 돌아갈 수 없는 그때 그 시절이 때때로 사무치게 그리워진다. 마음을 어지럽게 한다.

아이들이 한나절 놀고 난 방처럼 뒤죽박죽, 엉망진창이 되어버린 내 마음은 이내, 타인에게까지 뻗친다. 결코 좋지 않은 마음으로. 비교하고야 만다. 지금의 나와 누군가를. 참 못났기도 하지. 나보다 힘들어 보이는 누군가에게서 힘을 얻고, 또 나보다 잘나 보이는 누군가에게 질투를 느끼는 그 모습에 넌덜머리가 난다.

순서는 그때마다 다르다. 타인과 비교를 하다 보니 어느 순간 과거의 나까지 들먹일 때도 종종 있다.

남을 공격하든지, 나를 공격하든지. 둘 중 하나로 끝나는 이 지저분한 생각들. 흙탕물이 되어 흘러가 버리고 만 나의 시간. 아무리 좋게 생각하려 해도 도무지 좋아할 수 없는 그런 순간. 하지만 때때로 찾아오는 실망스러운 상념들.

이러한 것들에서부터 벗어날 방법이 무엇이 있을까. 곰곰이 앉아 가만히 생각해 본다.

과거의 나에게도 불만과 불안, 시련과 고난과 같은 것이 없지 않왔다. 타인의 삶은 더욱 투명하게 알 수 없다. 분명 그들의 삶 중 일부분만 보고선 질투를 느끼거나 냉소를 보냈음이 틀림없다.

그러니까 나는, 내가 보고 싶은 대로, 내가 생각하고 싶은 대로 꽤 불공평한 태도로 삶을 저울질하는 것이다. 나의 몸과 마음이 지금 무척 무거운 상태라는 이유 하나로 그 외에 모든 것을 가벼이 봐버리는 것이다. 진실 같은 건 모른 체하고선. 세상에서 가장 무거운 짐은 내 등에 있는 짐이라고 생각하고선.

한쪽으로 기울어진 채 바라보는 세상이 곧게 보일 리가 없다. '공평'하다는 말은 마음을 나누어 쓸 때도 필요한 말이 된다. 과거에 마음이 치우쳐 있으면 현재를 온전히 바라보지 못한다. 왕년에 겪은 좋은 일과 지금의 힘듦은 비교 자체가 성립되지 않는다. 그건 불공평한 비교이며 의미 없는 일이기도 하니까.

과거에 머물러 있던 시간이 길었던 예전과는 다르게 많은 것에서 자유로워졌다. 과거의 나를 부러워하지 않는다. 나보다 잘 나가는 타인을 맹목적으로 질투하지도 않는다. 타인의 슬픔에서 힘을 얻는 행동 따위를 몸서리치게 싫어한다.

수많은 사람을 만났다. 학식이 높은 사람, 성공한 사람, 성공을 실패로 만든 사람, 실패를 성공으로 바꾼 사람, 나와 비슷한 전업주부, 나와는 다른 워킹맘, 평범한 어떤 사람부터 업적이 엄청난 누군가까지.

그리고 그들의 이야기를 읽으며 배운 것이 있다. 세상에 많은 사람이 자신만의 짐을 짊어지고 살아가고 있다는 것. 성공한 사람은 성공한 대로, 전업주부는 전업주부대로, 워킹맘은 워킹맘대로. 누구의 것이 더 무겁고 가벼운지 견주는 것은 아무런 의미가 없다. 비교하고 견줄수록 나의 짐은 무거워진다. 마음속 생각이 몸과 영혼을 지배하곤 한다.

그건 과거의 나를 무작정 그리워하며 지금의 나를 초라하게 만드는 일에서도 마찬가지다. 자신의 삶을 애틋하고 귀하게 여길 수 있는 이는 과거에 머물러 있지 않다. 타인의 삶 주변을 기웃거리며 나의 삶을 초라하게 만들지도 않는다.

그럴 필요가 없다는 걸 수많은 책을 읽으며 깨달았다. 그동안 읽은 책은 쉽게 흔들리는 마음을 단단히 곧추세워 주었다. 후, 바람이 불면 이리저리 휘청거리는 갈대가 아니라 땅 위에 단단히 뿌리를 내리고 선 한 그루 나무처럼.

과거를 돌아보며 아쉬워하기보단 과거에 나에게 배울 만한 점들이 무엇이 있었는지 곰곰이 생각해 보는 것. 그것이 곧 나의 장점이 될 수 있다는 것을 깨닫는 것. 그리고 이 순간 역시 과거가 되어가고 있다는 사실을 잊지 않는 것은 참 중요한 일이다.

부러운 상대가 생기면 그가 가진 맹점이 무엇인지, 혹시 그에게 배울만한 것들은 없는지 살펴보는 것. 더불어 그가 갖지 않은 나만의 빛을 찾아내는 것. 가질 수 없는 것을 얻기 위해 발버둥 치는 것보다 가진 것을 더욱 빛나게 만드는 것이 삶을 살아가는데 훨씬 큰 보탬이 된다는 전제를 두고 살아가기로 했다.

지금의 나에게 집중하며 살기로 했다. 그건 읽고 쓰는 삶이 내게 준 빛나는 선물이기도 하다.

과거로부터 완전히 자유로울 수 없다. 과거는 분명 지나가고 없지만 사라진 것은 아니다. 시공간은 다르지만, 지금의 나와 과거의 나는 연결되어 있다. 그래서 때때로 '현재'가 어려운 경우 좋았던 과거로 도망쳐버리고 싶을 때가 있다. 그렇다고 해서 나아지는 건, 괜찮아지는 건 아무것도 없다는 걸 알면서도 그러고 싶을 때가 있다. 그러한 상태가 오랜 시간 지속된다면 지금의 나, 미래의 나는 분명 나약해지고 말리라.

가끔은 과거의 나에게 위로를 받아도 좋다. 때때로 좋았던 그 시절을 떠올리며 추억해도 괜찮다. 하지만 잊지 않는 거다. 지금 당장 나를 움직이게 하는 힘은 현재에 있다는 것을.

예전의 나보다 훨씬 더 괜찮은 나로 살아가겠다는 다짐, 더딜지언정 발전해 나가겠다는 결심 같은 것은 가끔 과거의 나를 만나고 올 때마다 새로이 마음에 새겨지는 빛이다. 덕분에 현재가 더욱더 애틋해진다.

땡감이 되고 싶지 않아

본격적으로 글을 써야겠다는 다짐을 했을 때 아이가 18개월 정도였다. 자아가 생기고 있는 아이 둘은 합의 따윈 없다는 듯 싸워댔고, 그들의 고집에 새우등이 터질 때가 많았다.

이 두 마리 고래는 내 집을 헤집고 다니면서 걸핏하면 다퉜다. 다투지 않는 날엔 혼자 발라당 드러누워 알 수 없는 울음을 터트리곤 했다. 나의 덩치는 아이들보다 몇 배는 컸지만, 위엄은 새우만큼 작았다. 말이 통하지 않는 아이를 어르고 달래는 일밖에 할 수 있는 것이 없었다. '조금만 더 커라.' 이를 악물고선.

이제 30개월을 앞둔 두 아들은 그 시절보단 한결 다루기 편해졌다. 대화가 된다는 게, 말이 통한다는 게 얼마나 위대한 일인지 새삼 깨달았다. 요즘은 엄마의 말을 곰곰이 들어준다. 물론 말을 듣는다고 해서 모든 요구를 행동으로 옮기진 않지만, 가뭄에 콩 나듯 말을 따라줄 때가 있다. 얼마나 고마운지. 그럴 때마다 '자라고 있구나.' 생각하며 힘을 얻곤 한다.

'그래, 그거면 돼. 아무렴.'

더욱더 짓궂어지고 에너지도 뻗치고, 힘도 세지는 두 아들을 기르면서 '그럼, 그럼!' 하고 휘몰아치는 내 마음의 파도를 잠재울 수 있었던 이유 역시 그것이었다.

'자라는 중이라는 것'을 잊지 않는 것.

아이들을 재우고 육아는 퇴근했지만 살림은 퇴근하지 못한 채 싱크대 앞에 서 있을 때, 개수대 안에 가득 쌓인 설거지를 보며 한숨이 푹 하고 새어 나올 때, 내 눈에 들어오는 무언가가 있다. 아이들이 어린이집에서 사용한 식판 두 개. 물론 설거지가 귀찮다는 사실은 변하지 않지만, 집단생활의 향기를 폴폴 풍기는 두 개의 식판을 바라보고 있으면 엄마가 없는 곳에서 꿋꿋이 잘 지내고 돌아온 두 아이의 용기가 떠오른다. 집에서 갖고 놀던 장난감을 손에 꼭 쥔 채 어린이집으로 들어가는 게 아이 나름대로 용기를 끌어모으려 애쓰는 것같이 보여 모르는 척 눈감아 주었던 그날 아침이 떠오른다. 덕분에 한나절 나 자신을 온전히 충전할 수 있었다는 사실이 생각난다.

힘들다고 짜증이 올라오기도 전에 떠오른 그러한 생각들은 이내 내 마음을 고요하게 만들어 준다. 평화가 깃든다. 감사하여라.

컸다고 하지만 여전히 손이 많이 가는 세 살 아이를 돌보며 하루에도 몇 번이나 신음할 때가 있다. 옷을 입힐 때만 해도 아이를 몇 번이나 부르는지 모른다. 특히 입힐 게 많은 겨울엔 더욱. 뭐 하나 입혀놓으면 부리나케 도망가는 아이 때문에 깊은 숨을 쉬고 또 쉰다. 둘이서 그러니 더욱 환장할 노릇.

결국 "이놈!" 하고 큰 소리가 기어코 나오게 만드는 이 녀석들. 그러한 종류의 일이 비일비재하다. 밥 먹일 때도, 재울 때도, 심지어 놀 때조차. 하지만 잊지 않는다. 화가 나려 할 때마다 번뜩하고 떠오르는 말이 있다.

'자라고 있잖아.' '커 가는 중이잖아.'

내 마음에 콕 하고 박혀있는 그 말은 마법같이 나를 진정시켜준다. 다혈질에 화도 잘 냈던 나를 오래 겪은 남편은 성질이 참 많이 죽었다고 하며 웃는다. 희한한 노릇이라며 고개를 젓는다. 부모로서 아이를 사랑하기 때문이기도 하지만 아무리 생각해도 나의 변화는 '쓰면서' 생긴 것 같다. 아니 확실하다.

천상천하유아독존 상태가 되어버리는 아이 때문에 모두가 힘들다고 말하는 18개월쯤, 노트북을 열었다. 아이와 함께 겪은 뒷골 당기는 일상들을 적기 위해서.

'이것들, 내가 다 적어놨다가 보여 줄 거야. 얼마나 골 때렸는지.'

그 과정에서 얻은 뜻밖의 선물이 있다. 처음 글을 쓸 땐 전혀 예상치 못했던 그것.

'일기'와 다를 바 없었던 글에서 얻을 거라곤 '속풀이' 정도라고 생각했다. 내 속을 시원하게 만들어 주는 그 자체만으로 만족이라고. 쓰면서 무언가에 몰입하는, 짧게는 몇십 분에서 길게는 한두 시간 동안 다른 무언가는 잊어버릴 수 있었다. 엄마로서 해야 할 일은 까맣게 잊고 나로 앉아 내 마음에 귀를 기울이는 소중한 시간이었다.

게다가 분명 날이 선 채로 글쓰기를 시작했는데, 마무리는 뜻밖에도 따스해질 때가 많았다. 의도하려 한 건 아니었는데 벼르며 끝내기보단 폭 끌어안으며 마무리 짓게 되는 경우가 많았다. 그 끌어안음의 상대가 '아이' 이거나 '남편'일 때도 있었지만 보통은 '나'였다. 내 글에 위로 역시 내가 받는 격이었다.

'아, 누군가를 만나서 실컷 쏟아내야 마음이 풀리는 게 아니구나.'

결코, 그건 '이깟 글'이 아니었다. 아이의 사사로운 저지레를 써내려가는 그 글을 통해 아이의 마음을 가만히 생각해 볼 수 있었다. 글로 쓰다 보니 별것 아닌 일이었구나! 깨달을 때도 있었다. 자연스레 아이에게 관대해졌다. 자라고 있기 때문이라는 결론을 내고 난 이후론 "그래, 그래." 웃어넘겨 줄 수 있는 마음의 여유가 생겼다.

세월은 금세 흐르고, 아이 역시 빠르게 자란다는 생각이 드니 하루가, 순간이 귀하지 않을 수 없다. 어제 쓴 글을 읽으면 애틋해지고 만다. 더욱 소중하게 여기며 살아야지 다짐하게 된다. 시간의 귀함을, 순간의 소중함을 아이를 낳고 글을 쓰면서 사무치게 깨달았다.

그 모든 경험은 나를 한 인간으로 성장시켜 주었다. 감사할 줄 아는 인간으로 살 수 있다는 것에 감사했다. 고작 쓰는 행위가 이토록 거룩할 수 있다. 게다가 그 글을 모아 책으로 출간하는 생애 첫 경험을 해보기도 했으니. 아무리 생각해도 쓰기의 쓸모는 엄청나구나!

보기에는 그럴싸해 보여 한 입 베어 물었다가 그 떫은 맛에 몸서리가 쳐지게 만드는 땡감처럼 늙고 싶지 않다. 아이가 자라는 만큼 나 역시 탐스럽게 익어가고 싶다. 아이가 지금보다 훨씬 많이 자라 인생에 대해 고민을 하고 있을 때, 달콤한 지혜를 내어줄 수 있는 엄마가 되고 싶다.

몸은 두 아들보다 훨씬 작겠지만 '우리 엄마라면 믿을 수 있지!' 라고 두 아이가 생각할 수 있도록, 믿고 기댈 수 있도록, 꽉 끌어 안아줄 수 있도록 맛있고 멋있는 어른으로 늙어가고 싶다.

그러려면 아이의 키가 쑥쑥 위로 자라는 동안 나는 아래로 깊어져야 하겠지. '성장' 앞에서 게을러지지 말자는 생각이 들 때마다 자연스레 무언가를 쓰게 된다.

천천히 내 안의 생각들을 가지런히 정리할 때마다 나는 더욱 선명해지고 간결해지고 단단해진다. 내가 무엇을 원하는지, 어떤 삶을 살아가고 싶은지, 어떤 인간이 되고 싶은지 알 수 있기 때문이리라.

내가 글 쓰는 것을 놓지 못하는 이유다.

한 인간을 키운다는 건, 부모가 되어 자식을 기른다는 건 무척이

나 복잡하고 어려운 일이라는 생각이 시간이 지날수록 든다. 물론 시간에 비례해 자식에 대한 애착 또한 깊어지지만.

한 인격체로 독립적인 존재로 아이를 바라봐 주어야 한다는 것을 잘 알면서도 내 생각에 아이를 맞추려 할 때가 있다.

어제 고민하던 문제를 오늘 하지 않아도 되었을 때, 아이가 자랐다는 걸 느낄 수 있지만 동시에 새로운 문젯거리가 생겨나기도 한다는 뜻이니 부모는 한시도 편안한 날이 없다는 것이 어쩌면 맞는 말일지도 모르겠다. 아이가 자라면 짝사랑이 된다는 말에 벌써 공감이 가니, 앞으로의 날은 불 보듯 뻔한 것 같다. 자식이 아니었다면 애초에 집어치우고 말았을 순간조차 끌어안고야 마는 부모의 삶을 영원히 살아갈 테지. 그렇게 생각하면 부모가 짊어져야 하는 무게는 실로 어마어마하다는 생각이 든다.

부모의 무게를 내 마음 위에만 얹어놓으면 결국 숨이 턱 하고 막히는 순간이 오지 않을까. 더는 깊어질 수 없을 정도로 마음이 꽉 막혀버리게 되지 않을까. 결국, 아이와 나 모두가 불행해질 수도 있지 않을까. 하얀 종이 위에 내 마음의 무게를 덜어 놓으며 살기로 했다. 혼자 짊어지기에 무척 무거울 그 짐들을 옮겨 놓는 거다. 깊이 있는 어른이 되는 길을 온갖 고민과 잡념들이 가로막지 않도록 미리 치워둬야겠다. 쓰며, 살며, 사랑하며. 그렇게 살아갈 수 있기를.

나, 다시 움트다

"자신을 찾아라."라는 말에 현기증과 피로함을 느낀다고 했다. 도대체 '진정한 나'가 뭐길래, 그렇게 찾으라고 난리인지 모르겠다고 말한다. 이 책을 봐도, 저 책을 봐도 '자아'라는 말이 쏟아지는데 보이만 해도 지겹다고 했다.

"진정한 나가 뭔데요? 난 이렇게 하루하루를 살아가는 그 자체가 난걸요. 진정한 나는 모르겠고, 그냥 지금처럼 살아가면 안 되나요?"

어느 독서 모임에서 만난 분의 말이었다. 수년 전, 한참 동안 '스스로'에 대한 고민을 했다고 말한다. 그 과정이 힘들었다고 했다. 안개 자욱한 길 위에 서 있는 느낌이었으려나.

지난한 시간을 보낸 것 같았다. 그 시간으로 돌아가고 싶지 않은 듯한 표정이었다. 그리고 이젠 '진정한 나' 같은 건 찾지 않는다고 했다. 그저 살아간다고 했다.

자신에게 주어진 하루 하루를 살아가는 것. 내 앞에 툭 떨어진 현실을 외면하지 않은 채 견뎌내는 것. '진정한 나'는 뭔지 모르겠지만 어쨌든 지금의 생활에 만족한다고 했다. 자신이 하는 일을 굉장히 좋아하는 건 아니지만 나쁘지 않다고 생각하며, 화가 나고 싫어질 때도 있지만 그래도 내 일이니까 해내고 있다고 했다. 그러니 만족한다고.

'만족'이라는 말이 내 귀에 툭 하고 걸렸다. '어느 정도 자신을 찾은 것 같은데…'라는 생각이 불쑥 들었다. '자아실현'이 말이 거창해서 그렇지 자신에게 만족하고, 내 삶에 기쁨을 느끼면 되는 거 아닌가.

'나다움을 찾아라!'라는 문장을 읽기만 해도 머리가 멍해졌다. '나다운 게 뭐지?' 그냥저냥 남들처럼 살고 있는데 갑자기 '나다운'걸 찾으라 하니 막막했다. 여태 내 앞에 닥치는 현실의 문제에 맞서 잘 지내온 것 같은데. 철학적인 질문 앞에서 아무런 답도 할 수 없었다.

온갖 자기 계발서, 에세이를 봐도 '나다움'을 외쳐댄다. 그들은 이미 자신이 원하는 삶을 실현했으니 그딴 소리를 하는 건 아닌가 투정의 말과 동시에 '그럼 나는 지금 내가 원하는 삶을 사는 게 아닌가?' 하는 의문을 가지던 때가 나에게도 있었다. '나는 도대체 누구란 말인가'라는 논제를 앞에 두고 한참을 고민하던 시절이 있었다.

아내로, 엄마로 하루를 지내며 온전한 내 시간이 하나도 없었음을 깨달았을 때, 닥치는 대로 읽었던 것 같다. 시간이 나면 책을 손에 잡고 살았다. 오롯이 나에게 시간을 쏟는다는 그 자체가 위안이었다.

내가 좋아하는 것, 싫어하는 것, 잘하는 것, 못 하는 것들을 마구 물었던 것 같다. 나에게.

그리고 '쓰는 것'을 좋아한다는 사실을 문득 깨달았다. 쓰고 있을 땐 스스로에게 집중할 수 있었으니까. 그래서 '글을 쓰는 나'가 '진정한 나'라고 생각하며 살았다. 쓸 때만이 나라고. 하지만 차츰 깨달았다. '쓰고 있을 때도' 나라고. 엄마로, 아내로 사는 그 삶도, 책상 앞에 앉아 글을 쓰며 사는 시간도 결국 나인 것이다.

어쩌면 한참 시간이 흘러 '나다움'에 대한 정의를 다시 내릴 수도 있다. 인간인 이상 나는 끊임없이 생각할 것이며, 변화할 것임이 분명하기 때문이다. 중요한 건 무엇을 하든 그 방향이라고 생각한다.

'바깥이 아닌 안으로 향해 있는 삶'

누구나 타인의 삶을 바라보며 초조함을 느끼거나 자괴감을 느낄 때가 있다. 나는 그 자리에 그대로 서 있는 것 같은데 내 옆에 누군가는 이미 저만치 앞서나가는 걸 바라보고 있노라면 이 악물고 붙잡고 있던 무언가가 툭 하고 끊기는 듯한 느낌이다.

'나는 왜 잘하는 것도 없고, 좋아하는 것도 없고, 하고자 하는 일도 다 제대로 안 되는 거야!' 스스로를 질책한다.

영화 〈일일시호일〉의 주인공 노리코의 삶을 가만히 바라보면 너무나 현실적이어서 말문이 턱하고 막힌다. 남들처럼 자신 앞에 놓인 삶의 과제들을 해내며 열심히 살아가는 평범한 스무 실 여자다. 그런 그녀가 토요일만 되면 배우는 것이 있는데 바로 '다도'다. 차를 마시는 예법. 다도는 여자가 배우면 나쁠 것 없다는 엄마의 권유에 사촌 미치코랑 함께 다도를 배우기로 했다.

'일일시호일'이라는 족자가 커다랗게 걸려있는 다도 선생님의 집에서 그녀는 무려 20년이 넘게 다도를 배운다. 그 사이에 노리코는 삶의 많은 좌절을 겪는다. 원하던 회사 취직시험에 떨어지고, 결혼하기로 했던 남자와도 끝내 이별한다. 남들은 다 결혼을 하는 그 나이에 이별이라니. 노리코는 막막해지고야 만다. 다도만큼은 오래 배워 자신 있다고 여기던 찰나, 갓 들어온 신입의 놀라운 다도 재능에 넋을 잃는다.

'아, 난 이것마저 제대로 하지 못하는 거야.'

서른을 막 넘긴 그녀는 그렇게 자신의 삶 한 귀퉁이를 꾹 잡고선 바둥바둥 매달려 있다. '일일시호일(매일매일 좋은 날)'이라는 글귀를 앞에 두고 매주 다도 수업을 듣지만, 그녀의 날은 매일매일 좋지가 않다. 자신도 남들처럼 뭔가를 이루고 싶은데 시도하는 것마다 매번 좌절을 겪으니 말이다. 그런 그녀의 마음을 눈치챈 다도 선생은 이야기한다.

"가장 추울 때 피는 꽃도 있어요."

24년간 한결같이 수업을 들으며 그녀는 차츰 깨닫는다. "인생의 모든 순간은 단 한 번밖에 없다"라는 사실을. 같은 봄이지만 작년의 봄과 올해의 봄은 결코 같지 않다.

오늘 함께 차를 마시는 이와 내일 또 같이 차를 마실 순 있지만 같은 날은 다시 오지 않는다. 매일 같은 일을 반복하며 살고 있지만 같은 일을 반복할 수 있다는 건 무척 행복한 일이라는 꽃 같은 삶의 지혜. 그녀는 그제야 깨닫는다.

'매일매일 좋은 날'의 진짜 뜻을.

"비 오는 날엔 빗소리를 듣고, 눈 오는 날엔 눈을 보고, 여름에는 찌는 더위에, 겨울에는 살을 에는 추위를 느낀다. 오감을 동원해 온몸으로 그 순간을 맛본다. 매일 매일이 좋은 날이란 뜻은 그런 뜻인가!"

자신을 찾지 못했다고, 나만 뒤처진 것 같다고, '자아실현'이라는 말 앞에서 머리를 쥐어뜯고 있지 않아도 된다. 노리코는 40살이 훌쩍 넘겨서야 깨닫는다.

"세상에는 '금방 알 수 있는 것'과 '바로 알 수 없는 것' 두 종류가 있다. 금방 알 수 있는 것은 한번 지나면 그걸로 충분하다. 하지만 바로 알 수 없는 것은 몇 번을 오간 뒤에야 서서히 이해하게 되고, 전혀 다른 존재로 변해간다. 그리고 하나씩 이해할 때마다 자신이 보고 있던 것은 지극히 단편적인 부분에 지나지 않는다는 사실을 깨닫게 된다."

글 쓰는 일을 좋아한다는 생각에 일이 없을지언정 프리랜서 작가의 삶을 놓지 않았던 그녀는 자신에게 "이젠 다도를 가르쳐보지 그래요?"라는 다도 선생의 말에 번뜩 깨닫는다.

'어쩌면 지금부터가 시작일 지도 모르겠다'라고.

'나다운 삶'을 살아간다는 건 나에게 주어진 삶을 나만의 속도와 빛깔과 모양과 향기로 살아내는 것이 아닐까. 누군가의 삶에 내 삶을 비교하지 않을 때 비로소 맛볼 수 있는 '나다움'이라는 달콤함.

'자아실현'이란 거창한 무언가를 해 내야지만 주어지는 훈장이 아니라 내 삶을 진심으로 꽉 끌어안아 줄 때 비로소 주어지는 선물이다.

자신의 삶에 만족하고 있다는 그녀의 말을 들으며 곰곰이 생각했다. 자신의 삶에 만족할 수 있다면 그걸로 된 것 아닐까 하고. '나다운 삶'이라는 뜻은 그럼에도 불구하고 나의 마음을 놓치지 않고 내가 뜻하는 대로 살아가는 이에게 주어지는 따스하고 밝은 빛이라고 생각한다. 우린 각자가 모두 고유한 존재다. 삶의 모양새가 똑같을 수 없는 이유는 내딛는 한 걸음에서조차 그 사람의 고유성이 묻어나기 때문이다.

남들이 이루어내는 삶의 속도에 맞춰 살아가는 것보다 훨씬 중요한 건 나의 한 걸음, 한 걸음을 인정해 줄 수 있는 마음이다. 내 삶의 곳곳에 숨어 있는 기쁨을 놓치지 않겠다는 마음. 비록 무너질

만큼의 슬픔이 닥쳐와도 결코 무너져 있기만 하지 않겠다는 결심.

그렇게 다독인 마음은 내가 생각지 못한 어느 날, 어느 때에 봉긋하고 움트게 될 것이다. 그렇게 나만의 삶은 차츰 내 안에 뿌리를 내릴 것이다.

chapter 4

함께
써 보지
않을래요?

글쓰기는 처음이라

　이미 글을 쓰는 방법에 관한 책은 수두룩하게 쌓여 있다. 조금 더 나은 문장을 쓰는 방법에서부터 책 한 권을 내기 위한 기술까지. 글쓰기 책을 찾아보기 위해 도서관에 간 적이 있는데 가지런히 꽂혀 있는 글쓰기 책의 양을 보고 얼마나 놀랐던지. 일 년 내도록 읽어도 다 못 읽을 양이었다. 내 양팔을 한껏 벌려도 다 감싸지 못할 만큼의 글쓰기 책을 보며 여러 생각이 들었다.

　'내가 쓰기를 하기 전부터 쓰는 사람들에게 큰 위안이었구나.'

　'쓰기 열풍의 시대인가.'

　'쓰기 전부터 기가 죽는 것 같네.' 등등.

　글쓰기를 주제로 한 책 중 굉장한 부수가 팔린 책도 있다. 작가에 대한 호기심일 수도 있지만 글쓰기에 관심을 가지는 사람이 그렇게 많구나 싶은 생각이 동시에 들기도 한다. 책 내용은 또 어떻고. 글쓰기를 수십 년씩 하면서 그걸로 밥까지 벌어먹고 살아온 작가인데 아무렴 좋지 않으려고. 자신의 노하우를 고스란히 담아 놓아 한 권만 제대로 읽어도 글을 쓰기 위한 기본적인 지식, 그러니까 글을 쓰는 방법을 배울 수 있다.

'더 잘 쓰고 싶다'라는 마음으로 쓰기의 세계로 달려든다면 친절하게 쓰는 방법을 알려줄 책은 얼마든지 널리고 널렸다. 그러니까 '잘 쓰지 못한다.'라는 마음 때문에 쓰지 않고 있다면 그 핑계는 별로 쓸 만한 것이 못 된다.

'더 잘 쓰고 싶다'라는 마음은 글을 이미 쓰기 시작한 사람이 품어야 할 욕구이지 않을까. 쓰지 않은 사람이 '잘 쓰고 싶다'라고 생각하는 건 어쩐지 앞뒤가 맞지 않는 것처럼 느껴진다. 공부는 하지 않으면서 성적은 잘 받고 싶다는 마음과 다를 바가 없어 보이기도 하니까. 글을 쓰기 위해 가장 우선시 되어야 할 첫 번째 순서는, 바로 '쓰는 것'이다.

그럼 그렇게 물을지도 모르겠다. 무얼 어떻게 써야 하느냐고. 일기나, 필사, 혹은 가사 같은 걸 따라 적는 것 말고 '글'을 쓰기 위해선 어떻게 해야 하냐고.

나는 지금 당장 소설을 쓰거나, 시나리오 극본을 구상할 만한 재주는 없다. 물론 아동문학책을 내고 싶다는 로망은 있지만.

내가 발 담그고 있는 현실을 써 내려가는 것은 어렵지 않다. 아마 내가 유치원 교사 시절에 쓰는 삶을 살았더라면 글의 가장 큰 주제는 '유치원에서의 하루'가 되지 않았을까 싶다.

유치원을 출근하기 위해 집에서 옷을 고르는 것에서부터 글을 쓰기 시작했을 테지. 원에서 요구하는 복장과 아이들과 생활하기에 효율적인 복장 사이의 괴리 같은 것을 써 내려갔을 것 같다. 어떤 날엔 어른 뺨치게 기막힌 아이의 물음과 대답에 대한 글을 썼을지도 모르겠다. 동심으로 가득 찬 유치원에도 알게 모르게 교사들 간의 팽팽한 신경전이 있다는 이야기도.

학창 시절에 글을 썼더라면 글 대부분은 교우 문제나 성적에 대한 고민, 또는 학교에서 벌어지는 기막힌 일에 대한 글을 썼을 것이 뻔하다. 담임이 어디에서 기분이 상해 들어왔는지 대뜸 소리부터 지르더라는 이야기도 적고, 어느 날 야간 자율학습 시간에 도둑 쥐처럼 몰래 학교를 빠져나가 분식점에서 배부르게 떡볶이며, 파전 같은 것들을 사 먹은 것도 기록했을 테다. 생동감이 넘칠 것이 분명하다. 경험하고 있는 것을 쓰고 있으니까.

내가 처음 썼던 글은 '육아 에세이'였다. 예상했을 테지만 그 글을 쓰고 있었을 당시 나는 18개월이 막 지난 아들 쌍둥이를 키우고 있었다. 눈을 뜨기 시작할 때부터 잠자리에 들 때까지 내 삶에서 '아이'를 빼놓을 수 없었으니 나의 글이 온통 '아이'로 가득 차 있던 것은 당연한 일이었다.

게다가 살면서 처음으로 '엄마'라는 역할을 맡지 않았는가. 쓰겠다는 마음만 먹으면 쓸 거리는 차고 넘쳤다. 엄마의 생활 방식은 단

순했고, 반복적인 듯 보인다. 먹이고, 재우고, 놀아주고, 닦아주면 그만이니. 하지만 같은 날은 단 하루도 없었다. 나는 그걸 글을 쓰면서 깨달았다. 어제보다 하루 더 자란 '오늘의 아이'가 있다는 것. 어제보다 하루 더 성장한 '오늘의 나'가 지금 여기 존재한다는 것.

아이들을 유심히 바라보았다. 쟤들이 지금 무얼 하는지, 왜 저런 행동을 하는지. 기가 막히면 기가 막힌 대로, 기특하면 기특한 대로, 화가 나면 화나는 대로 고자질 노트에 메모해 두었다. 왜냐하면, 저녁에 써야 했으니까. 참으로 우스운 건 쓰기 위해 바라보았는데, 그 덕분에 아이들을 더 많이 이해할 수 있었고, 더 너그러이 품어줄 수 있었다.

'미성숙한 아이잖아'라는 주문을 만들었던 것도 글을 쓰면서였다. 걸핏하면 말도 안 되는 이유로 화를 치솟게 만드는 아이들을 바라보면서 '쟤가 14살이었다면, 혹은 24살이었다면 과연 저런 짓을 했을까?' 싶은 생각이 번뜩 들었다.

'아, 쟤들이 지금 저러는 이유가 덜 자랐기 때문이지!'라고 생각하고 나니, 그 이후부터는 말도 안 되는 이유로 울고 떼쓰는 아이를 바라보며 부처 같은 미소를 지을 수 있는 날이 훨씬 더 많이 늘어났다.

어른이면서도 감정이 요동을 치는 순간이 숱하게 많았다. 이 조그마한 생명체의 존재감이 얼마나 큰지. 나를 붙잡고 흔들면 흔드는 대로 여기로 픽, 저기로 픽 하고 쓰러지곤 했다. 아마 그만큼 나에게 중요한 존재이기 때문이리라. 마음이 상하는 날이 많았다. 마음을 괴롭게 만드는 아이에게도, 고작 아이한테 마음 상하는 스스로에게도, 아무것도 모른 채 웃고 있는 남편에게도.

바람이 조금만 불어도 힘없이 꺼지는 촛불처럼 그렇게 꺼지고, 또 꺼지기만 하던 나를 지켜준 것이 다름 아닌 '글쓰기'였다.

한 발자국 물러서서 나에게 닥친 문제를 들여다볼 수 있다는 것. 요동치는 감정이 고요해지고 그 고요함 속으로 자신을 바라보는 객관적인 눈이 생겨난다. 가만히 생각해 보면, 문제를 하나씩 곰곰이 짚어보다 보면, 고작 그런 문제로 그렇게까지 마음이 울컥했었나 싶어 민망해질 때가 있다.

이렇게나 소중한 순간이 내가 눈치채지 못하는 동안 지나갔었구나 싶어 안타까워질 때도 있다. 두 번 다시는 놓치지 않아야지 다짐하게 되는 순간이 하나, 둘 쌓여간다. 귀한 이 시절을 더욱더 애틋하게 바라볼 수 있게 된다. 그러니 내가 처한 모든 현실을 기꺼이 사랑할 수밖에 없어진다. 이 얼마나 값진 일인지.

함께 육아 에세이를 쓰는 모임이 있다. 내가 운영하는 온라인 글쓰기 모임에서 전국에 있는 엄마들과 2주간 함께 에세이를 쓴다. 모두 글쓰기는 처음이라 무엇을 써야 할지, 어떻게 써야 할지 모르겠다고 멋쩍어한다. 아이를 기르면서 글을 쓰는 일이 가능할지 스스로에 대한 의구심을 품기도 한다. 하지만 이내 인정하게 된다. 쓸거리는 매일 새롭게 샘솟아 난다는 것을. 쓰겠다고 마음먹고 자리에 앉는 순간, 온전히 나만의 시간이 펼쳐진다는 것을. 아이로 인해 웅어리져 있던 마음이 글이 되는 순간, 사르르 녹아버리게 된다는 것을.

엄마의 일상은 매일 똑같이 흘러가지만 단 하루도 같은 날은 없다는 걸 그렇게 몸으로 느끼게 된다. 그건 엄마에게만 해당되는 말이 아니라, 이 세상 그 누구에게나 해당하는 말이다. 단지, 자신의 하루를 열린 마음으로 자세히 들여다보겠다는 마음을 가진 이에게 말이다.

무엇을 써야 할지, 어떻게 시작해야 할지 고민이 된다면 지금 나의 두 발을 딛고 있는 그곳에서부터 쓰기 시작하면 어떨까. 처음엔 눈에 보이던 대로 쓰는 게 고작이지만 쓰다 보면, 정말이지 하루, 이틀 써 내려가다 보면 그 너머의 무언가가 번뜩 내 마음에 포착이 되는 순간이 찾아온다.

반성, 다짐, 용서, 용기와 같은 것이 결국 행동을 변화시키는 디딤돌이 되어주는데, 그러한 모든 것들이 귀한 이유는 역시 일상의 기쁨, 순간의 귀함을 더욱 꽉 끌어안고 살아갈 수 있게 해주기 때문이다. 보다 근사한 소재, 그럴듯한 주제를 가지고 글을 써야 한다고 생각할 필요는 없다. 내가 지금 살아내는 이 현실만큼 그럴듯한 주제는 없으니!

잘 쓰고 싶다고?

"난 안 써. 넌 잘 쓰니까 그렇지. 난 글 못써."

남편에게 글을 써 보라고 권유를 하면 늘 같은 대답이 돌아온다. 나는 한 번도 글을 '잘' 쓰라고 이야기한 적이 없다. 그냥 한번 써 보라고 했을 뿐.

남편이 군인이었을 때 썼던 작은 노트 한 권이 아직 집에 있다. 갇혀 지내는 이의 심정이 고스란히 담긴 그 노트 안에는 15년 전 남편이 그대로 남아 있다. 애틋하고, 애절하고, 속상함과 힘듦이 적혀 있는 노트를 볼 때면 그 시절 남편을 만나고 있는 것 같은 기분까지 든다. 자신이 쓴 노트를 보며 남편은 "카"를 몇 번이나 외치며 "아~ 이때는 말이지"라고 여자들이 싫어하는 재미없는 이야기 중 하나인 군대 이야기를 하기 시작한다. 자신을 15년 전으로 되돌려 놓을 만한 글을 쓸 줄 알면서, 못 쓴다고 말한다.

나의 일기장을 가장 좋아하는 사람은 남편이다. 몇 해 전 나의 일기장을 보며 그렇게 재미있어 할 수가 없다. 내 일기장에 적힌 자신의 과거 행적들을 들여다보며 추억을 회상하느라 바쁘다. 그 모습을 볼 때마다 이야기한다.

"직접 써서 봐."

내 일기장을 보는 것이 불쾌해서 하는 말은 아니다. 아마 자신이 쓴 일기였으면 훨씬 더 감회가 새로울 텐데. 난 그게 아쉽다.

가까운 지인들 역시 같은 반응이다.

"도무지 글은 못 쓰겠더라."

글을 써 보라고 하면 '책'이나 '작품'을 써 보라는 뜻으로 들리는지 지레 겁먹고 손사래부터 친다.

나는 작가로서의 글쓰기를 제안한 것이 아니다. 텅 빈 채로 흐르고 말 순간을 꽉 붙잡아 내 곁에 남겨두는 일. 그 일의 한 방법으로 글쓰기를 제안한 것이다. 작은 노트에 오늘의 일을 서사적으로 기록하든 서정적으로 남겨보든 쓰면서 시간을 채우는 일은 소파에 가만히 앉아 시간을 보내는 것과는 분명 다를 텐데.

오늘의 나는 물론이거니와 미래의 나에게까지 좋은 자료가 되어줄 텐데. 미래의 나가 과거의 나에게 많은 위로와 위안을 받을 수 있을 텐데. 지금, 이 순간의 소중함을 눈으로 볼 수 있을 텐데. 고작 쓰기로 얻을 수 있는 인생 선물이 이렇게나 많다는 걸 소중한 주변인들에게 알려주고 싶었다.

나 역시 글쓰기를 처음부터 좋아했던 건 아니다. 쓰는 사람은 정해져 있다고 생각했다. 국문학과 같은 관련 과를 나온 사람이나 등단 작가, 또는 작가 희망생이나 대단한 감수성을 가진 사람들. 그런 사람이 '쓰는 사람'인 줄만 알았다. 매일 일기를 쓰면서도 글을 쓴다고 생각한 적은 단 한 번도 없었다. 글로 밥벌이를 하는 사람, 직장을 다녀서 월급을 받는 것처럼 글을 써서 고료를 받아야 '쓰는 사람'인 줄로만 알았다.

직업으로서의 글쓰기. 내게 쓰는 사람이란 그 이상도 이하도 아니었다. 이미 나는 쓰는 사람이었다는 걸 인지하지 못하고 있었다. 그동안 일기를 써왔고 블로그를 해 왔다. 가끔 누군가에게 편지도 보냈다. 이 모든 게 글쓰기라는 걸 미처 깨닫지 못했을 뿐.

참 이상한 건 나에게 '난 글 못써!'라고 말하는 주변인들처럼 나 역시 글을 쓰겠다고 마음먹은 후 얼마 동안은 '쓰기' 앞에서 똑같은 생각을 했다는 것이다.

예전과 똑같이 일기를 쓰고, 편지를 쓰는 데 쓰겠다는 마음을 먹은 후엔 어쩐지 한 문장을 적는 것조차 힘들었다. '잘' 써야 할 것만 같았다.

'잘 쓴 글이 도대체 뭔데?' 어떤 글이 잘 쓴 글이라는 대답도 하지 못하면서 내 글은 '못 쓴 글'이라 치부했다. 게다가 '돌파구로써의 글쓰기'를 하기 위함이 아니었던가?

난 애당초 '박경리' 또는 '김훈'이 되겠다는 마음으로 글쓰기를 시작했던 게 아니다. 내 마음에 가득 쌓인 말들을 토해내기 위해서, 그 토해내는 수단으로 글을 쓰자고 마음먹었다.

그러니까 나는 글을 '잘' 써야 할 이유 같은 건 단 하나도 없다. 그렇게 생각하고 난 뒤 글을 쓰는 것이 한결 편해졌다. 내 마음은 아주 편해진 것과는 다르게 여전히 주변에서는 글을 쓴다고 말하면 다들 거창하게 생각한다.

"오~ 네가 글을 쓴다고?"

"어디 출품하게?"

'그런 글이 아닌데.' 여전히 많은 이들의 인식엔 '글을 쓴다'라는 행위는 뭔가 다른 세계 속 누군가의 것으로 생각하는 것 같다.

우린 위대하고 거창한 작품을 쓰기 위해 노트를 편 게 아니다. 빈 노트에 '나'를 담아내기 위해서, '내 마음'을 토해내기 위해서, 그러니까 현실에서까지 갖고 다니면 거추장스러운 숱한 감정들을 보관하기 위해서 글을 쓴다. 나의 빈 노트는 "임금님 귀는 당나귀 귀"를 외쳐대던 대나무 숲이자 지하철에 있는 물건 보관함 같은 것이다.

무얼 말해도 괜찮고, 무얼 담아두어도 상관없다. 내 마음에 저장된 온갖 잡스러운 것들을 하얀 종이 위에 옮겨 놓기로 했다. 마음에 꾸역꾸역 모든 걸 담아 두지 않기로 한 거다. 쓰레기를 버리는 공간으로 내 마음을 쓰지 말아야지 다짐했다.

쓰레기는 다른 곳에 버리고, 내 마음엔 될 수 있으면 좋은 것만 담아 두고 살자. 난 그렇게 살기 위해 노트북 앞에 앉기도 하고, 휴대전화를 켜 '나에게로 채팅'을 보내기도 하며, 가방 속에서 노트와 펜을 꺼내 들기도 한다.

나는 많은 엄마가 마음속 이야기를 풀어놓을 수 있는 노트를 하나쯤 갖고 살았으면 좋겠다. 그 노트 안에 오늘 내가 느낀 감정, 나에 대해 생각나는 것 등 떠오르는 대로 적어두는 것이다. 드라마에서 들을 기가 막힌 대사를 옮겨 적어두는 것도 괜찮고 우연히 알게 된 기억 하고 싶은 단어를 담아두기도 하는 거다. 그렇게 편안하게, 놀 듯이, 즐기면서 써 내려가면 된다.

글쓰기가 삶에 필요하냐고 묻는다면 자신 있게 YES라고 답할 것이다. 소파 한 귀퉁이든 책상 앞 의자에서든 몸을 한껏 파묻고 앉아선 어딘가에 말할 수 없어 쓰는 그 글이 도대체 어떤 쓸모가 있느냐고 되물을지도 모르겠다. 부가 축적되거나 명예가 따라오는 일은 더욱이 아닌 글쓰기가 우리의 삶에 과연 어떠한 가치를 남기느냐고 따지고 들지도 모르겠다. 하지만 비웠을 때라야만 비로소 새로이 채울 수 있다는 것을 기억하면 좋겠다.

가까운 지인은 슬플 때마다 노트를 꺼내 말할 수 없는 마음의 소리를 생각나는 대로 쏟아낸다고 했다. 가족에게도 친구에게도 말할 수 없는 슬픔을 작은 노트에 쏟아내고 나면 자신을 괴롭히던 생각에서 벗어날 수 있다고 했다. 온종일 자신의 머릿속에서 맴돌던 그

잡념이 글로 고스란히 옮겨지면 머릿속이, 마음속이 후련해진다고 했다. 또 다른 슬픔이 마음을 괴롭힐 때는 있어도 노트에 적은 그 슬픔은 절대 다시 괴롭히지 않는다고 했다.

잘 비워내는 일.

비움의 태도가 삶을 살아가는 데 꼭 필요하다는 것을 알게 된 것은 글을 쓰기 시작하고 나서였다. 잘 비워내야지만 거기에 또 다른 양질의 마음을 채워 넣을 수 있는 것이다. 내게 불필요한 감정들을 스스로 버릴 줄 알아야지만 삶의 아름다움과 기쁨, 행복 같은 것 또한 스스로 채워 넣을 수 있다. 내 안에서 샘솟는 감정은 스스로가 잘 해결할 수 있어야 한다.

그렇지 않으면 온갖 감정은 나보다 약한 존재에게 전해지게 될 테니까. 아니, 버려지게 된다고 하는 게 맞겠다. 엄마의 부정적인 감정을 아이에게 쏟아붓지 않으려면 자신의 감정 정도는 스스로 잘 다스릴 수 있는 어른이 되어야만 한다. 내 감정 쓰레기통은 아이가 아님을 잊지 않아야 한다.

그 외에도 글쓰기의 쓸모는 참으로 많다.

돈과 명예보다 값진 삶의 지혜 또한 글쓰기로 깨달았고, 나만의 가치관을 갖고 살아야 한다는 것을 깨우치게 해준 것도 글이었다. 그리고 내 삶에 가장 중요한 사람은 그 누구도 아닌 '나'라는 것도 글이 알려주었다. 글쓰기는 그 자체로 나의 삶의 많은 부분을 구성하는 요소가 되어주었다. 그러니 영 쓸모없는 짓은 아닌 것이다.

어깨에 힘 팍 주고, 대한민국을 발칵 뒤집어 놓을만한 글을 써내겠다는 마음만 갖지 않는다면 글쓰기는 즐거워진다. 담담하고 편안하게, 긴 호흡으로 마음을 안정시켜 가며. 슬픔이든 기쁨이든 그저 써 내려가기. 그렇게 잘~ 쓰면 된다. 굳이 잘! 쓸 필요는 없다.

시작은 취미로

하나에 깊게 파고들지 못한다. 금세 빠지지만, 또 금세 질려 한
다. 처음의 의욕은 어디로 사라지고 '굳이 이걸 왜'라는 무력이 곧
잘 찾아오곤 한다. 재미를 오래 느끼지 못한다.

취미생활을 대하는 나의 태도였다. 뭐라도 하고 싶어 무언가를
시작하지만 이내 손을 훌훌 털어버리고 만다. 시작할 땐 '그래, 나
에게 딱 이야.'라고 분명 생각했는데.

"미친 듯이 놀다 결국 그 놀이가 일의 경지에 이르게 하라."는 글
을 어디선가 읽고 나선 더욱 새로운 취미에 도전하기가 꺼려졌다.
경지에 이를 자신이 없다. 놀이의 최상부에 우뚝 설 자신이 없다.
결국, 그것 역시 재능이 받쳐줘야 가능하다는 생각만 들었다. 내 방
구석구석에 처박혀 있는 온갖 실, 천, 재봉, 바늘을 볼 때면 비난받
는 기분이 들곤 했다.

'나는 노는 것도 제대로 하지 못하는 인간이구나.'

'전문적으로 하는 일이 아니라 즐기기 위해서 하는 일' 어학 사전에 나와 있는 취미의 정의다. 그저 즐기기만 하면 되는데, 난 그것조차 마음대로 되지 않았다.

학교 다닐 때 글씨를 참 예쁘게 쓰는 친구가 있었다.

"쟤 글씨 진짜 예쁘지 않아?"

우리 모두 입을 모아 칭찬을 하곤 했다. 새 노트와 책에 이름을 써야 할 일이 있으면 그 친구에게 부탁했다. 학급 게시판에 붙여야 하는 게시물 작성은 늘 그 친구의 몫이었다. 친구 역시 글씨를 적는 모든 일에 즐겁게 참여했다. 많이 써서 그런지 날이 갈수록 글씨체는 예뻐졌다. 친구의 글씨체를 배우기 위해 옆에 앉아 따라 쓰기도 했다. 받침의 위치, 모음의 길이 같은 걸 보고 베끼며 연습했다. 쉬는 시간에 우리끼리 하는 놀이였다. 여중생의 흔한 놀이라고나 할까.

그땐 상상도 못 했다. 고작 글씨를 예쁘게 쓰는 거로 밥 벌어 먹고살 수 있을 줄은.

별별 취미가 생겨나고 그 취미로 돈을 버는 게 이상하지 않은 요즘 같은 시대에 나 역시 익숙해졌는지 자꾸만 취미가 돈이 되어야 할 것 같은 느낌을 받곤 했다.

그냥 재미있어서 글자를 따라 쓰며 노는 건 시대에 뒤처지는 일인 것만 같았다. 그러한 나의 조급함에 유튜브가 한몫했다. '어떻게, 저게 돈이 될 수 있는 거야.' 어른의 세계에선 취미도 결국 돈이 되어야 할 것만 같았다. 한동안 취미활동에 빠져들지 못했다.

본질이 흔들렸다. 본질이 흐려진 거다. 잘 놀았더니 돈이 되었다. 라고 적혀 있는 글을 보고 돈이 되니까 잘 놀아지더라고 멋대로 해석해 버렸다. 취미의 본질은 그저 '재미있는 것'이면 되는데, 어느 순간 '돈이 되는 것'이 되어버렸다. 남들보다 잘해야 하는 일이라고 여긴 것이다. 타고난 재능이 있어야 취미활동을 할 자격이 주어진다고.

미싱, 마크라메, 자수, 캘리그라피 재료들이 서랍에 처박히고 만 이유였다. 그렇게 손 놓은 취미활동을 요즘 가끔 꺼내 한다. 겨울이 되면 마크라메 실을 꺼내 예전에 배웠던 것들로 작은 소품을 만들어 집 한구석에 걸어 두고, 컵 받침이 필요하다고 생각되면 한땀 한땀 꿰매 작은 컵 받침을 만든다.

새로운 활력이 필요하다는 생각이 들면 원데이클래스를 수강하여 몇 시간 동안 나의 삶에 생기를 불어넣는다. 그러니까 이젠, 내가 손 놓았던 것들을 가끔 '진짜 취미'로 즐긴다.

아무것도 잘하지 못한다고 생각하니 더는 할 수 있는 일이 없었다. 그때 눈에 띈 게 책이었고 '한글은 읽을 수 있으니….' 라는 마음으로 글자를 읽기 시작했다. 집에서 혼자 독서를 했다면 책 역시 금세 손에서 놓았을지도 모른다. '읽는다고 삶이 바뀌는 것도 아니고, 돈이 되는 일도 아닌데 굳이!'라고 생각하며.

독서 모임에 처음 갈 때도 '그런데 왜 저 사람은 돈도 안 되는 이 모임을 만들어 괜한 시간을 쓰는 걸까? 뭐, 다른 목적이 있는 건 아닐까?'라는 의심이 있었다. 독서 모임을 공지를 보자마자 고민 없이 신청해 놓고서도 마음 한구석에 '근데 왜?'라는 생각을 품고 있었다. 몇 번 모임에 나가고 난 후 나의 의심은 완전히 사라졌다.

"독서 모임으로 육아의 힘듦을 풀었고, 자신이 받은 위로와 성장의 기운을 또 다른 이들에게 전하고 싶다."라는 말을 듣게 되었다. 처음 그 말을 듣고선 적잖은 충격을 받았다. 그런 마음으로 무언가를 시작하기도 하는구나….

책이 점점 좋아졌다. 사람들과 책 이야기 나누는 시간을 기다리게 되었다. 돈이 되어야 한다느니, 이걸로 무언가를 이루어야 한다는 생각은 나지 않았다. 읽고 이야기 나눈다는 것이 마냥 재미있었다. 이야기를 나누고 싶어 평소 읽어보지 않았던 장르의 책도 읽기 시작했다. 즐긴다는 게 어떤 것인지 비로소 알게 되었다. 친구의 글자를 따라 쓰며 재미있어야 하던 딱 그때의 나처럼.

그렇게 재미를 느끼고 나니, 그동안 내가 취미활동을 대하는 태도가 무척 경직되어 있었다는 걸 깨닫게 되었다. 내가 자랄 땐 취미활동이라는 말이 대중적이지 않았다. 일 년에 한두 번 학교에서 어떠한 서류를 작성할 때나 빈칸을 채우기 위해 쥐어짜듯 썼다. 특별한 취미활동을 쓰는 친구는 거의 없었다. 힐끔힐끔 옆 친구의 취미활동을 베껴 적어냈다. 그 시절 우리의 취미활동은 대부분 비슷했다. '독서' '음악감상' '줄넘기'…. 생계를 위해 무척 열심히 사셨던, 그래서 취미생활과는 거리가 먼 부모님을 보며 자라왔다. 나뿐만 아니라 친구들 역시 사정은 마찬가지였다.

어른이 되고 나서 맞은 '취미의 시대'가 낯설었던 건 어쩌면 당연한 일인지도 모른다. '공부'하듯 '일'하듯 그렇게 '취미'를 맞았었다. 취미의 본질을 생각하지도 않은 채.

이젠 삐뚤삐뚤하게 만들어진 마크라메 소품을 기쁜 마음으로 방 한구석에 걸어 둔다. 이걸 만드는 내내 아무 생각 하지 않고 머리를 쉬게 해줄 수 있었다는 것에 만족하며.

새로운 책을 읽으며 내가 생각하지 못했던 무언가를 발견하는 즐거움에 흠뻑 빠진다. 가끔 연애 소설을 읽으며 이젠 탈 수도 없고 타서도 안 될 '썸'의 감정에 대리만족하며 엎드린 채 발을 동동 구르기도 한다. 글쓰기 역시 '누구처럼' 쓰기 위함이 아니라는 사실을 나 자신에게 알렸다.

'잘 쓰지 않아도 돼. 쓰면서 그냥 후련하면 그뿐이야.'

꾸준함의 힘은 결국 힘을 빼는 것에서 시작된다. 특히 취미활동에는 더.놀이를 통해 돈을 버는 경지에 이른 사람에겐 더는 그건 놀이가 아니게 된다. 놀이 같은 일이 되어버린다. 크리에이터들이 자신이 재미있게 논 영상을 하나 올리기 위해 수많은 시간과 노력을 쏟는다. 아이디어 싸움도 그때부터 시작된다. 돈은 그저 잘 논다고 쥐여주지 않는다. 잘 논 걸 그럴싸하게 포장하여 잘 내놓아야 돈이 된다. 처음엔 그런 것들이 내 눈에 보이지 않았다.

취미가 꾸준히 이어져 작은 업으로 삼을 만큼 내공이 쌓였다면 취미에 일을 결합해 새로운 무언가를 창조해 보는 것도 좋겠지만 일단 시작은, 그저 재미있게 노는 것으로 하는 건 어떨까. '취미' 또는 '나를 위한 놀이' '돌파구'로 시작했다면 본질에 맞게 대해주는 거다.

내가 꾸준히 쓸 수 있었던 이유는 꼽자면 단연코 '그냥 재미있어서'다. 쓰면서 즐거웠고, 후련했고, 마음이 편해졌다. 그런 시간이 쌓이고 쌓이니 책까지 쓰게 된 것이다. 일의 성격을 띤 책 쓰기를 해내기 위해 취미로 쓸 때와는 다르게 머리를 쥐어짜게 되는 경우가 역시나 생기긴 했다. 어쩔 수 없지. 그 또한 내가 선택했으니 '하지 않겠다는 선택'을 또다시 하기 전까지 머리를 쥐어짜며 써 보는 수밖에.

긴 글, 긴 호흡

간혹 어떻게 하면 글을 길게 쓸 수 있느냐고 묻는 이가 있다. 문장을 길게 쓰고 싶다든지, 혹은 유려하고 멋진 문장을 구사하고 싶다든지, 긴 내용의 글을 쓰고 싶다든지 하는 등의 질문.

처음 글을 쓰기 시작하면 첫 줄부터 막막해진다. '무슨 말부터 써야 할까?' 그 고민이 길어지면 글을 쓸 기력이 쇠하고 만다. '안 써, 안 써!' 하고 종이를 휙 집어 던지게 될 확률이 높으니까.

"글이 물 흐르듯 잘 연결되네요."라는 말은 주제에서 벗어나지 않고 글이 쓰여 있다는 뜻일 수도 있고, 문장에 어색함이 없다는 뜻일 수도 있다. 무엇이 되었건 그 둘을 해결하는 것엔 여러 노력이 필요하다.

우선, 글 한두 편 써 놓고 긴 글과 유려한 문장을 요구하는 건 정당하지 못하다. 물론 일필휘지로 소설 한 권을 뚝딱 써 내려간 작가도 있지만, 대부분 사람에겐 주어지지 않은 재능이다. 게다가 대단한 작가 역시 일필휘지로 글을 써 내려가기 전에 숱한 습작과 엄청난 양의 독서를 해 왔다는 건 부정할 수 없는 사실이다.

그러니 우리도 많이 읽고, 많이 쓰면서 글의 실력을 늘리는 수밖에 없다. "쓰다 보면 늘어요."라는 말, 수많은 글쓰기 책에 쓰여 있는 '글 잘 쓰는 팁' 중 하나이니까. 쓰다 보면 무조건 는다. 내가 처음 쓰기 시작했을 때의 글과 요즘의 글을 비교해 보면 눈에 확연하게 보인다. 지금의 나를 사랑하듯, 지금 내가 쓴 글을 아껴줄 것.

하지만 "있는 그대로의 나를 사랑한다."는 말의 진정한 뜻은 지금의 나를 넘어서겠다는 노력도 포함된 말이라는 걸 잊지 않을 것. 쓰면서 벼루기로 했다.

나는 좋아하는 작가의 문장을 유심히 들여다보았다. 그 사람만이 가진 문체와 글을 써 내려가는 구성을 흉내 냈다. 물론 흉내 낸다고 해서 그 작가처럼 글을 쓸 수 있는 것은 아니다. 똑같이 필사하는 것이라면 모를까, 내 생각을 써 내려가야 하므로 글은 결국 '나다워'지곤 한다. 사실 그것이 문체다. 그 사람다운 것. 다만 조금씩 다듬어 갈 수 있다.

질문을 많이 하는 작가도 있고, 단호하고 결단력 있어 보이는 작가도 있다. 같은 말도 부드럽게 이어갈 수 있는 작가도 있고, 한 문장만 읽어도 마음이 따스해진다고 느끼게 하는 작가도 있다. 모르긴 몰라도 그 작가만의 문체 때문이리라.

타인의 문체를 보면 그 사람의 정서가 잔잔히 전해지는 것을 느낄 수 있다. 나는 그 '정서'에 무엇보다 집중했다. 내가 좋아하는 글은 마음이 따스해지는 글, 속삭이는 듯한 부드러움으로 자기 생각을 확실하게 내뱉는 글이니까. 그러한 글을 쓰고 싶다는 생각이 자연스레 들었다.

쓰고 싶은 글의 스타일이 정해진다면 비슷한 부류의 글을 많이 읽어보는 것이다.

다만 문체라는 것은 흉내 내는 것이 아닌 체화하는 것이어야 한다. 그 사람의 글과 내가 만나 그 사람처럼 되는 것이 아니라, 나만의 무언가가 되어야 한다. 그 지점에 이르기 위해서는 결국 이렇게도, 저렇게도 써 보고, 더해보고, 빼보면서 몸으로 익혀가는 수밖에 없다. 나는 여전히 요리조리 써 보는 중이다.

또한, 좋아하는 작가의 글을 보며 어떠한 구성으로 글을 썼는지에 대해서 배울 수가 있다.

글을 시작할 때 인용으로 시작한다든지, 예시로 시작한다든지, 드라마의 대사를 넣었다든지, 글의 마무리엔 임팩트 있게 글의 주제를 한 번 더 기술했다든지. 여러 방면으로 분석해 보고 그대로 따라 써 보는 것이다. 처음엔 양까지 맞춰서 써 본다. 서론, 본론, 결론을 나누어 그 작가와 똑같은 양의 글을 짜내보는 식의 훈련.

짜내는 글을 쓰다 보면 깨닫게 된다. '쉽지 않아. 글을 길게 쓰려고 하다 보니 너저분해질 뿐이야'라고. 그럴 수 있다. 그런데 너저

분해진 글은 마지막에 쳐 내면 된다. 처음엔 문장을 빼는 것보다 더하는 것이 더욱 어려우니까. 많이 써 놓고 삭제하는 편이 훨씬 쉽다. 글을 쓰면 여러 가지 글쓰기에 대한 기본지식을 자연스레 익힐수 있다. 왜냐하면, 쓰다 보면 글 잘 쓰는 작가들의 노하우가 궁금해지니까. 이책 저책 찾아보게 된다.

그러면서 여러 가지 배운 것이 있었다. 긴 문장보단 짧게 쓰는 문장이 훨씬 읽기도, 쓰기도 편하다는 것, 나조차 어려운 단어나 정보 같은 것은 써 봤자 방해만 된다는 것, 내 글에 얼마나 많은 접속사가 숨어 있었는지와 같은 것. 물론 이 역시 글쓰기의 규칙 같은 것은 아니다. 어떤 작가는 이와 정반대의 방법으로 훌륭한 글을 써 내기도 한다.

그렇게 분석하고 연습하다 보면 꽤 그럴 듯한 구성으로 글을 쓸 수 있는 나만의 노하우가 생기게 된다. 그럼 또 다른 분석 대상을 찾아 나서는 것이다. 틀에 갇혀 있지 않기 위해서. 글을 잘 쓰는 작가는 한둘이 아니니까.

글을 독자로서가 아닌 배우는 사람으로서 들여다보게 되면 그동안 보이지 않았던 것이 눈에 띈다. 그중에서 내가 가장 재미있어 하는 것은 '단어' 찾기다.

작가마다 유독 많이 쓰는 단어들이 있다. 어느 작가는 '눈부시게'라는 형용사를 많이 쓰고, '빛' '빛깔' '온기'와 같은 감성적인 단어를 좋아하는 작가도 있다. 또 어느 작가는 '~하리라'라는 서술어를 자주 쓰고, '자연'에 비유하는 걸 좋아하는 작가도 있다. 게다가 평소에 잘 쓰지 않는 단어인데 내 마음에 확 하고 꽂히는 것들도 있고, 살면서 처음 들어보는 단어도 있다. 그러한 단어들은 모아뒀다가 내 글에도 한 번씩 넣어 본다. 왠지 내가 아닌 다른 사람의 글 같은 느낌이 들어 어색하기도 하지만 재미있기도 하다. 어휘력은 자연스레 는다. 물론 자주 써먹지 않으면 또다시 잊히고 말지만.

무엇인가를 잘하고 싶다는 것은 그것을 좋아한다는 뜻이 되기도 한다. 글을 잘 쓰고 싶다는 욕망은 글에 대한 애정이 그만큼 크다는 말이니까. 좋아한다는 그 사실에 집중해 보는 것은 어떨까.

처음 좋아하는 사람이 생기면 그 사람에 대해 속속들이 알고 싶어지는 것처럼, 내가 좋아하는 것에 대해, 잘하고 싶어지는 것에 대해 마음과 시간과 정성을 들이는 거다. 그러다 보면 점점 더 좋아지게 된다. '아! 난 글을 쓰는 것을 참 좋아했구나' 깨닫게 된다. 그 반대의 경우도 가끔 생기긴 하지만.

이전보단 글에 대한 식견이 넓어질 것이다. 좋아하려고, 알아가려고 노력한 만큼 새로이 알게 된 것이 생길 것이다. 글을 써야 하는 순간, 떠오를 테지. 좋아하기 때문에 익히게 된 수가지 정보들이.

마지막으로 나는 글을 쓰기 시작한 사람들에게 꼭 해주고 싶은 이야기가 있다.

"마음을 푹 놓자고."

잘 쓰기 위해 바둥바둥 노력하지 않아도, 애태우지 않아도 된다고. 책으로 출간하기 위해 글을 쓸 때는 이야기가 달라지겠지만 '나를 위한 글'을 쓰는 데 '잘' 쓴 글과 '못' 쓴 글을 누가 감히 판단할수 있겠는가.

글을 쓰며 위안을 얻고, 위로를 받고, 용기를 가질 수만 있다면, 잠깐 기쁨을 느끼고, 스트레스를 풀고, 내 안에 쌓인 검은 덩어리들을 쏟아내었다면 굳이 그러한 것을 따지지 않아도 되지 않을까.

그렇게 쓰고, 또 써 내려가다 보면 꽤 괜찮은 나만의 문체를 가질 수 있으며, 제법 긴 글을 막힘없이 써 내려갈 수도 있고 그럴듯한 구성으로 완성도 높은 글을 쓸 수 있는 실력을 갖추게 될 것이다. 지금 당장 긴 호흡, 긴 글을 써 내려가지 못한다고 애태울 필요는 없다.

마음이 편안할 때, 뭐가 되도 되더라고.

글 한 편을 쓰기 위해

글을 쓰고 싶은데, 무엇이라도 써 내려가고 싶은데 정말 아무것도 떠오르지 않는 날이 있다. 오늘 하루에 대한 글, 아이들과 함께 지내며 느꼈던 마음, 오늘을 가득 채운 감정. 그 어떤 것도 쉽사리 떠오르지 않을 때, 책 한 권을 꺼내 든다. 책을 꺼내는 데는 여러 이유가 있다.

첫째로 타인이 쓴 글을 읽다 보면 어떤 문장, 혹은 제목 한 줄에서 작가와 비슷한 경험이나 연상되는 무언가가 떠오르기 때문이다.

'슬픔'이라는 주제로 쓰인 작가의 글을 읽고 있으면 자연스레 나의 슬픔이 함께 떠오른다. 내가 가장 슬펐던 적은 언제인지, 나는 슬픔을 어떻게 대처하는지, 슬플 때 생각나는 사람이 있는지와 같은 질문이 자신에게 쏟아지는 것이다. 그럼 그 질문 중 지금 당장 대답하고 싶은 것을 하나 골라 그것을 주제로 글을 써 내려간다.

좋아하는 작가의 책을 펼쳤는데 어느 날엔 '시'에 대한 이야기를 써놓은 글을 읽었다면 그날은 나 역시 내가 좋아하는 시, 지금 당장 떠오르는 시, 혹은 작가가 말한 시인의 다른 시를 찾아 읽어본 후 그것에 대한 글을 써 내려간다. 마음이 쏙 드는 한 문장을 발견한 날엔 그 문장이 그날의 글쓰기 주제가 되기도 한다. 쓰기의 물꼬가 트이면 글쓰기는 반은 성공이니까.

둘째로 좋아하는 작가의 글은 그 자체로 '평화'일 때가 많다. 아무것도 쓰고 싶은 것이 없는 날은 대체로 어지러운 생각들이 내 머리를 가득 채우고 있거나, 무척 피로할 때와 같이 내 몸과 마음이 안정적이지 못한 날이 많다. 그럴 때 좋아하는 작가의 글을 소리 내어 읽는다. 일단 펴고 싶은 페이지를 마음에 가는 대로 펼치는 것부터 시작이다. 읽었던 책이니 중간에 문장이 뚝 끊긴 채 읽기를 시작해도 어색하지 않다. 작가의 감성을 가만히 따라가다 보면 나도 모르게 글에 담긴 작가의 정서에 푹 빠져버리게 된다. 글을 낭독하고 있지는 건 나지만 어느 순간엔 누군가가 들려주는 것 같은 느낌이 들 때가 있다. 그러다 보면 마음에 무한한 평화가 찾아온다.

셋째로 목차만 보고선 글을 써 본다. 작가가 이야기한 것과는 전혀 관계없는 이야기라도 상관없다. 아니 오히려 그럴 때 더 재미있어진다. 글을 쓸 때 어려운 것 중 하나가 '주제'를 정하고 '제목'을 결정하는 것인데 이미 그것이 해결된 상태니, 그다음 이야기는 내 마음대로 쓰면 그뿐이다. 시시한 이야기든 자못 진지한 고백이든 상관없다. 나만 볼 확률이 훨씬 높은 글엔 기분 좋은 자유로움이 넘실거리기 마련이니까. 하지만 언제나 균형은 중요한 법. 매번 혼자 보는 글만 쓰는 것이 아니라, 누군가를 위한 글 또한 꾸준히 써 보는 것이다.

누군가에게 보여줄 글일 경우 우린 맞춤법이나 띄어쓰기 같은 것조차 한 번 더 체크하기 마련이지 않는가. 그러니 글의 내용은 오죽하랴.

글을 쓰기 위해 '책'을 이용할 때가 또 있는데, 그것을 바로 글을 읽고 난 후 독후감을 쓰는 것이다. 어린 시절 우리는 독후감 과제를 제출하기 위해 굉장한 짜깁기 실력을 선보였지 않았던가. 독후감이라는 것이 일단 책을 '읽는' 것에서부터 시작되어야 하는데 읽지를 않았으니 쓸 수 없는 것은 당연한 노릇.

인터넷이 귀했던 어린 시절, 친구가 써 온 글을 읽은 후 대충 상상하여 독후감을 써내거나 책의 앞 몇 페이지와 중간, 그리고 뒤 몇 페이지만 읽고 짜깁기 글을 써내곤 했었다. 그럴 정성으로 책을 읽었더라면 좋았을 텐데!

그때 쓰던 독후감은 대체로 책의 내용을 줄줄 적은 것이 전부였다. 맨 뒤 문장에 내 생각 몇 줄을 첨부하는 식. 아주 재미없는 글 한편이 완성된다. 물론 책 내용을 한 번 더 상기하는 것이 목적이라면 그것 역시 나쁘진 않을 수도 있겠다.

책 내용을 전부 글에 녹이려 들면 버거워질 수밖에 없다. 보통 책 한 권이 2~300페이지 정도는 되는데 그걸 어떻게 전부 글로 써 내려간단 말인가. 책을 읽으면서 인물, 장소, 사건과 같은 것 중에서 인상적인 부분이 있다면 그것을 중심에 놓고 글을 써 보는 것이다.

《나의 라임오렌지 나무》를 읽고 난 후, 어떤 이는 '제제'라는 다섯 살짜리 주인공 아이의 매 맞는 상황에 대해 깊이 생각할 수도 있고, 또 어떤 이는 제제의 상상력과 동심에 마음이 흔들릴 수도 있다. 제제가 가진 너무나 따스한 마음에 대해 글을 쓰고 싶은 사람도 있을 것이며 제제의 장난과 심술에 대해 고민해 보는 이도 있을 것이다. 물론 제제의 주변 인물에 대해서도 그런 식으로 나누어 생각해 볼 수 있다. 제제 주변의 가족은 왜 제제에 가혹한 체벌을 가했는지, 에드먼드 아저씨와 뽀르뚜가 아저씨는 제제에게 어떤 의미였는지, 제제에게 라임오렌지나무 '밍기뉴'는 과연 어떤 존재였는지. 아마 수많은 질문이 쏟아져 나올 것이다. 그럼 그 질문 중 한두 가지만을 가지고 글을 써 보는 것이다.

그리고 선택한 질문과 내 삶을 한번 연결지어 생각해 본다. 나에겐 '밍기뉴'와 같은 존재가 있었는지, 내가 어린 시절에 친 아주 심한 장난은 무엇이었는지, 그때 가족들의 반응은 어떠했는지와 같은 생각을 곰곰이 해본다.

그렇게 나의 이야기와 제재의 이야기를 연결 지어 글을 한 편 써 보는 것이다. 그리고 더 나아가 글의 주제에 관한 생각이나 다짐 혹은 깨달음 같은 것을 곁들여도 좋고.

나는 이 책을 읽으며 제일 처음 마음이 활짝 열렸던 부분이 있는데 그것은 바로 제제가 '생각'이라는 것에 대해 인지하게 되는 순간이었다. 그동안 자신의 마음속에 '작은 새'가 존재한다고 믿었던 제제. 그래서 겉으로 소리 내지 않고도 노래를 부를 수 있고, 스스로에게 질문을 할 수 있다고 믿었는데, 그것을 바로 '생각'이라고 부른다는 걸 알게 된 것이다. 생각이라는 걸 할 수 있을 때 비로소 어린이가 자라나는 순간이라는 걸 깨닫는 제제의 모습을 보며 얼마나 흐뭇하고 기특하던지. 그때 내 옆에서 잠을 자고 있던 나의 두 아이가 번뜩 떠올랐다. 제제보다 한 살 어린 이 두 아이 역시 어느 날 입으로 소리를 내지 않고 노래를 부를 수 있다는 사실에 놀라워하는 날이 찾아올까. '엄마! 나 소리를 내지 않고 노래를 부를 수 있게 되었어요!'라고 아이가 말을 한다면 나는 어떤 대답을 해 줄까 하며 싱긋 미소가 지어진 것이다. 제제의 물음에 에드먼드 아저씨의 대답은 참으로 아름답기 그지없다.

우리가 언제 깨달았는지도 모르는 것에 대해 하나씩 알아가는 제제를 보며 나는 자연스레 내 아이들이 떠올랐다. 제제보다 한 살 어린아이를 키우는 부모 입장이기 때문에 더욱 그러했는지 모르겠다. 물론 제제가 처한 상황이나 제제를 힘들게 하는 현실과 같은 것에 대해서도 하고 싶은 말은 있지만 제일 처음 쓰는 글은 그 무엇보다 제제의 아름다운 성장에 대한 글을 쓰고 싶은 것이다. 그것은 내 아이의 성장을 응원하는 순전히 엄마의 마음에서 비롯된 것이리라.

책 한 권을 읽고서도 여러 가지 주제로 글을 쓸 수 있다. 한 번에 모든 걸 다 담아내려고 욕심부리지 않아도 된다. 그러다 보면 자신도 끝을 수습하지 못하는 글이 되어버릴지도 모르니까.

쓰는 작업이 여전히 부담스럽다면 처음엔 가장 쉬운 질문으로 글을 써 보는 것이다. 그러려면 여러 가지 질문이 필요한데 '질문해야지!' 하는 마음으로 책을 읽는다면 이전보다 글이 눈에 쏙쏙 들어오는 경험 역시 하게 된다. 마음속에 떠오른 질문에 대해 답하기 위해 끊임없이 생각하게 된다. 그것은 '읽은 후 쓰고 말에야!'라는 마음에서 뿜어져 나오는, '쓰기'만이 가진 작지만 분명한 힘이다.

글도 자란다

　처음부터 글을 잘 쓸 수 있는 사람이 있으려나. 재능을 가지고 태어날 순 있지만, 그 재능이 화려하고 아름답게 빛나기 위해선 남보다 훨씬 혹독하고 고독한 훈련을 거쳐야 한다는 말을 어디선 가 들은 적이 있다. 그러니 잘 쓸 수 있는 타고난 재능을 가진 사 람은 있을지 모르겠지만 아무것도 하지 않으면서 잘 쓰는 사람이 될 순 없는 법인 것이다.

　그러고 보면 학창 시절, 나에게도 글쓰기에 대한 여러 번의 기 회가 있었다. 그 무엇보다 친구들과 노는 것이 좋았던 '중3 시절. 담임선생님의 전공과목은 국어였다. 그것이 얼마나 나를 귀찮게 했는지. 물론 그 당시의 감정이긴 하지만.

　몇 번이나 나에게 글을 써오라고 시켰다. 따로 쓰기 과제를 내주 는 일 말고도 단체로서 하는 모둠 일기도 있었다. 일주일에 한 번 이상 돌아오는 그 순서가 너무 싫었던 것으로 기억난다. 십수 년이

지나서 다시 본 일기장은 값진 추억 상자가 되어 주었지만.

쓰기는 물론 선생님마저 피해 다니려고 부단히 노력했다. 하루는 반에서 나와 친구에게 '전쟁'에 관한 글을 써오라고 시킨 것이다. 나는 과제를 내야 하는 전날에서야 부랴부랴 공책을 한 장 찢어 뭔가를 마구 써 갔던 기억이 난다. 하기 싫다는 마음밖에 없었으니 글의 내용은 보지 않아도 알 만했다. 하지만 친구는 컴퓨터로 문서화 하여 과제를 제출하였다. 눈앞에 보이는 찢어진 공책과 A4용지의 차이에서 알 수 없는 수치심을 느꼈다. 괜히 '아! 이젠 이런 거 안 시키겠지!' 하는 마음으로 자신을 위로했던 것 같다. 정말이지 그 이후론 담임선생님의 요구가 없었다.

글쓰기를 좋아하는 지금, 종종 그때를 생각한다. 찢어진 공책에 연필로 대충 써서 꼬깃꼬깃 접어갔던 과제물에 대해서. 늦은 저녁, 내일 아침에 내야 하는 과제의 양을 채워 쓰는 것에 온 정신을 집중하느라 어떠한 오류도 잡아내지 않았을 그 글. 나조차 한 번 더 읽어주지 않았던 글을 도대체 누가 정성껏 읽어주었을까 싶은 아쉬움.

쓰기를 좋아하고 난 후, 그때 그 꼬깃꼬깃한 과제물을 다시 되돌려 받고 싶다고 생각한다. 그랬더라면 몇 번이나 다시 읽고, 또 읽으며 고쳤을 텐데.

지난해 쓴 육아 에세이를 모아 출판사에 투고했다. 이제 막 쓰기 시작한 이의 서툰 글을 다행히 좋게 봐준 출판사가 있어 계약하게 되었다. 생애 처음 출판 계약을 맺어본 나는 그때까지만 해도 알지 못했다. 내가 쓴 원고를 도대체 몇 번이나 다시 보아야 했는지를.

윤문과 교정의 과정을 여러 번 거쳐야만 했다. 글은 수정할수록 좋아진다는 말을 직접 경험해 본 것이다. 읽을 때마다 부족한 점이 발견되는 글 앞에서 얼마나 겸손해질 수 있었는지.

그 이후 블로그에 편한 마음으로 울리는 글조차 몇 번이고 다시 읽어보는 습관이 생겼다. 독자가 '나' 혼자가 아닌 글을 쓴다면, 글을 여러 번 다시 읽어보는 것이 좋다. 독자에게 흘러가기 전이라면 몇 번이고 쏟긴 글을 다시 담을 수 있으니 말이다.

게다가 여러 번 읽다 보면 나의 좋지 않은 습관을 발견할 수 있다. 예를 들자면 부사의 사용을 남발하는 것처럼. 나도 모르게 '사실'이라는 단어를 자주 사용한다는 걸 알게 되었다. 글 한 편에 '사실'이라는 말만 몇 번이나 들어가는지. 그렇게 남발되어 버린 '사실'이라는 단어의 무게는 참을 수 없을 만큼 가벼워져 버린다.

어떤 이는 '나는'이라는 말을 반복적으로 사용하는 사람이 있고, 또 어떤 이는 '그래서, 그런데, 그러므로….' 처럼 접속사를 계속해서 쓰는 사람도 있다. 글쓰기를 막 시작하는 사람이라면 의도적으로 나의 글을 군더더기 없이 깔끔하게 만들어 보는 연습이 필요하다.

남발되는 형용사와 부사, 습관적으로 사용하는 ~것, ~들과 같은 표현. 쓰기도, 읽기도 힘든 긴 문장. 투 머치 토커처럼 갈 곳을 잃고 헤매는 글. 이러한 것만 한 번 더 검사해 본다면 글은 한결 나아진다는 걸 알게 되었다.

혼자 읽는 글을 쓰는 사람이라도 나쁜 습관을 걷어낸 글을 쓰는 것이 좋지 않을까. 생각보다 자주 남에게 보내는 글을 쓸 기회가 생기기도 하니까. 이왕이면 군더더기 없고, 읽기 편한 글을 쓰는 것이 여러모로 보탬이 될 것은 분명하니까.

글을 쓸 때도 기본적인 기술이 있다는 걸 알게 된 후 유명 작가의 책을 펼쳐 읽어보았다. 역시나 군더더기 없이 깔끔하고, 접속사가 많지 않아도 술술 읽힌다는 걸 내 눈으로 확인한 것이다. "아는 만큼 보인다."는 말은 이럴 때도 적용된다. 작은 지식이라도 알고 있는 사람은 볼 수 있게 된다. 남들은 그냥 스쳐 지나가는 것에서 멈추어 생각할 수 있게 된다. 그렇게 내 것으로 만들 기회를 얻게 된다.

글을 쓰면 쓸수록 느낀다. 누구나 사용하는 평범한 단어가 누군가의 손에만 들어가면 생각지도 못한 근사한 문장이 되곤 한다는 것을. 그 기가 막힌 조합 능력에 놀라움이 솟구친다. 어느 작가는 한 문장을 만들기 위해 숱한 시간을 고민한다고 했다. 뜻이 비슷한 수많은 단어 중 한 단어를 선택하는 것에서부터 신중해지는 것이다. 무에서 유를 창조하는 그들을 보며 나 역시 흥분감이 치솟는데, 직접 쓴 이는 어떠한 마음일까 괜히 궁금해지기도 하고 따라 하고 싶은데 흉내조차 낼 수 없어 애가 닳을 때도 있다.

그럴 때마다 스스로에게 말한다. '네가 지금 해야 할 일은 그것이 아니니라!'

프로작가의 글을 보고 있으면 내가 쓴 글은 글도 아니라는 생각이 들 때가 있다. 국가대표 축구선수 앞에서 동네 조기축구 회원이 드리블하는 기분이랄까. 대놓고 비참해질 때가 있는데 그럴 때마다 생각한다.

'그들이 완성한 글이 과연 몇 편이나 되었겠는가!'

오랜 세월 글을 쓴 작가가 완성한 글은 아마 셀 수 없이 많을 테다. 글을 쓰기 시작하면서 '완성'이라는 단어가 가진 힘이 얼마나 큰지 알게 되었다. 글을 막상 써 보면 깨닫는다. 리뷰 한 편 '완성' 하는 것도 보통 일이 아니라는 것을. 의기양양하게 노트북을 열고 글 몇 줄을 적긴 했는데, 우리에겐 수많은 난관이 기다리고 있다.

곧 시작할 드라마, 생각처럼 떠오르지 않는 뒷말, 굳이 써야 할 이유가 없다는 사실, 써도 돈이 되지 않는다는 현실, 많은 이가 써 놓은 리뷰가 있는데 나까지 합세할 필요가 없다는 자각 등. 쓰지 않아도 될 숱한 핑곗거리가 우릴 기다리고 있다. 그 난관을 다 넘어서야지만 글 한 편이 완성된다.

어쩌면 많은 사람의 블로그에 '저장'되어 있는 글만 수두룩하게 넘쳐나고 있는지도 모른다. 나 역시 30개가 넘는 글이 '발행'되지 못하고 저장이라는 이름으로 방치되어 있곤 했으니까.

글을 쓸 때 무엇보다 중요한 것이 바로 '시작'하는 것과 '끝'맺는 것이라 생각한다. 부사를 빼내고, 형용사를 덜어내고, 맞춤법을 고치고, 비문을 수정하는 일은 그 이후에 해야 하는 일이다. 완성되지 않은 글엔 수정작업조차 들어갈 틈이 없으니까. 글을 쓰다가 중간에 관두는 일이 잦다면 그것 또한 글을 쓰는 '나쁜 습관'이라는 걸 명심하는 것이다. 나쁜 습관을 없애기 위해선 그것이 좋은 습관으로 바뀔 때까지 의식적으로 노력하는 수밖에.

한 편의 글을 완성하였을 때, 그 기쁨은 써 본 이만이 느낄 수 있는 아름다운 쾌감이다. 온전히 나에게 집중한 시간, 나를 알아가기 위해 혹은 타인을 조금 더 이해하기 위해 들인 정성, 되묻고 되물으며 편협함에 갇혀있지 않으려 했던 노력, 삶을 너른 품으로 끌어안겠다는 다짐과 같은 것이 한 편의 글이 완성될 때마다 나에게 차곡차곡 쌓여간다.

쓰다가 만 글은 결국 하다가 만 생각과도 같다. 조금은 지난한 시간이겠지만 끝내 버텨냈다는 자긍심. 그리고 버틴 자만이 느낄 수 있는 그 모든 기쁨을 당신도 기꺼이 누릴 수 있길. 유종의 미는 글을 쓸 때조차 해당하는 것임을 잊지 않았으면 한다.

누군가를 위하여

육아 에세이를 썼다고 하면 다들 놀란다. 출판 계약을 맺고 퇴고를 진행하고 있다고 이야기하면 소스라친다.

"네가?"

깜짝 놀라는 이유를 잘 알고 있다. '글'과는 전혀 상관없는 인생을 살았으니까. 그런 내가 책을 낸다니 놀랄 수밖에.

책이라는 것이 모름지기 작가의 지식과 지혜를 담아 놓은, 절대 가볍지 않은 글의 집합이라고 본다면 나는 책을 낼 자격이 부족하다. 내세울 만한 학벌도 화려한 경력도 없다.

내게 주어진 일을 하다가 결혼을 했고, 엄마가 되었다. 단지 글쓰기를 좋아하는 엄마가 되었다는 게 내가 가진 경력 전부일 뿐. 가끔 내게 묻는다. 책을 내기 위해서는 어떻게 해야 하냐고.

사실부터 이야기하자면 요즘은 책을 내기가 예전보단 쉬워졌다. 서점 에세이 코너에 꽂힌 책의 저자를 가만히 보면 낯설고 생소한 이름이 많다. 에세이 시장에서 등단 작가를 찾기가 더 어려운 실정이다. 이런 것까지 책이 될 수 있구나 하는 주제가 넘쳐난다. 무언가를 배울 수 있는 책보단 공감받고 위로를 얻을 수 있는 책에 독자들이 반응한다.

어쩌면 따스한 손길이 필요한 사람이 많아졌다는 뜻이기도 한 것 같아 덩달아 안타깝기도 하고, 그 온기를 책에서 찾고자 한다니 반갑기도 하고.

책을 쓰는 저자라면 독자를 염두에 두고 글을 써야 한다. 누구에게 나의 이야기를 들려줄 것인가. 그들에게 과연 나의 이야기가 도움이 될 만한 것인가와 같은.

나 역시 블로그에 육아 에세이를 한 편씩 올리며 내 글을 읽는 사람이 있다는 사실을 늘 염두에 두었다. 블로그는 나의 사적인 공간임은 분명하지만, 누구나 볼 수 있게 '전체공개'로 글을 올려둔 이상 나만의 글은 아니니까. 하지만 어찌 처음부터 누군가를 위한 글을 쓸 수 있었겠는가. 그것까지 신경 쓰며 글을 쓰는 것이 힘들었던 시절이 있었다. 생각을 글로 토해내는 것만으로도 벅찼던 때가 분명히 있었다.

책을 내겠다는 결심을 하기 전 오롯이 나를 위해 썼다. 지금 책으로 만들어지고 있는 육아 에세이조차 처음 그 시작은 '육아로 힘든 나를 위한 글'이었다.

만약 글을 쓰지 않았더라면, 내 마음에 쌓인 어두운 감정을 그때마다 토해내지 않았더라면 난 쉽게 화를 내고, 쉽게 무너지고, 내 슬픔에 빠져 허우적대고 있었을 게 뻔하다.

내 상식으로 이해할 수 없는 아이들의 어이없는 행동과 울음에 화가 날 때조차 '오늘 밤에 글로 써야지.' 생각하곤 했다. 이해하지 못하는 내가 문제인지, 하는 짓마다 어이없는 행동으로 나를 놀라게 하는 저들이 문제인지 그 물음에 답을 내야만 살 것 같았다. 왜냐하면, 내일 또 비슷한 행동으로 나를 화나게 할 것이 분명하니까. 오늘 물음에 답하지 않으면 내일 똑같은 일에 난 또 화가 날 테니까. 육아에 있어 그것처럼 악순환은 없으니까.

'맞아, 맞아. 원래 그렇지! 그쯤은 내가 이해할 수 있지.' 예전 같으면 분명히 소리쳤을 상황에서 무심한 듯 이해할 수 있기까지 몇 편이나 글을 쓰면서 나를 다독인 줄 모른다.

삶에 치여 정신없이 살다 보면 때때로 잊는다. 가장 중요한 본질을. 너무 당연해서 생각조차 하지 않았던 사실이 때로는 내 마음의 문제를 해결해 주는 열쇠가 된다. 그 당연함을 꿰뚫어 보는 일에 글쓰기는 탁월한 방법이 되어주었다. 그렇게 난 꽤 힘든 육아의 여정을 순조로이 항해할 수 있었다.

육아 문제로 시작한 글은 언제나 내 삶 깊숙이 관통하곤 했다. 자녀관은 결국 나의 인생관과 동떨어져 있지 않기 때문이리라. 육아에 대한 글을 써 내려갈수록 삶을 대하는 태도가 달라지기 시작했다.

엄마의 입장에서 쓰는 글 대부분이 흡사 반성문 같을 때가 많았다. 엄마가 되고 나니 어찌나 반성할 일들이 많은지. 엄마로서 하게 되는 반성이 결국 내 삶에 대한 반성으로 이어지곤 했다.

누군가가 지켜보기 때문에 어쩔 수 없이 쓰는 반성문이 아니라 내 마음에서 우러나온 반성의 글은 나를 성장시키기에 충분하다. 더 나은 인간으로 살아가고 싶어졌다. 아이와 보낸 하루에서 시작된 글은 반성문으로 변했고 그 반성문은 내 삶 깊숙한 곳으로 파고 들어 와 나를 변화시켰다.

그리고 이젠 그 글을 나와 같은 누군가를 위해 세상에 내놓기로 했다. 물론 내가 겪은 변화를 모든 이가 겪을 거라는 생각은 눈곱만큼도 하지 않는다. 몇몇에나마 작은 빛이 되어주기만 한다면 충분하다. 글이 알려주었다. 너를 위해서만 살지 말고 타인을 위해서도 살아보라고. 삶의 풍요와 충만은 거기서부터 시작된다고. 글쓰기를 통해 익힌 배움을 실천해야겠다는 생각이 들었다.

어쩌면 그럴지도 모르지 않는가. '이 정도의 글은 나도 쓸 수 있지!'라며 내 글을 읽고선 알 수 없는 자신감이 솟구칠지도. 그래도 좋다. 쓴다는 행위에 거룩함을 느껴본 자로서 어떤 마음에서건 쓰기 시작하기만 한다면 나로선 기쁨이니.

184

반성문조차 모이면 책이 되기도 한다. 에세이라는 것이 사실과 생각을 써 내려간 글이지 않은가. 직접 혹은 간접적으로 경험한 사실과 그것에 대한 내 생각을 진솔하게 써가는 것에서부터 에세이는 시작된다. 수려한 글, 완성도 있는 문장 같은 건 그다음의 문제다. 일단 쓰고 나서 생각해 보아야 할 문제를 두고 고민한다고 해서 달라지는 건 아무것도 없다.

내가 생각하는 글쓰기는 잃을 것이 전혀 없는 투자다. 리스크가 없다. 글을 쓰는 데 내 시간을 투자하면 할수록 나는 기필코 성장한다. 내가 공들인 그 이상으로 글은 나를 가득 품어준다. 그 품이 고마워 살아갈 힘이 생긴다.

나에 대해 깊이 생각할수록 타인을 들여다보는 내 마음 또한 넓어졌다. 세상을 바라보는 시야가 넓어 지면 삶의 고단이 조금씩 줄어들기도 한다. 아무리 생각해 보아도 잃을 게 없다. 그러니 쓰지 않을 이유가 없다.

나를 위해 오랜 시간 글을 써 보았다면, 이젠 혹시라도 내가 쓴 글에 작은 빛을 품어 갈 누군가를 위해 글을 써 보자. 독자를 염두에 두고, 이야기하듯 내 생각을 하나씩 건네는 거다.

대단한 무언가를 알려주지 않아도 괜찮다. 전문적인 지식과 정보를 가득 담은 글이 아니라도 좋다. 위로와 위안은 거창한 글이나 말이 아닌 나보다 미리 경험한 이의 진심 어린 조언에서 얻을 수 있는 확률이 훨씬 더 높으니까.

내 경험이, 내 삶이 어느 누군가에겐 도움이 될 수도 있다는 생각은 결국 삶을 더욱 잘 살아내야겠다는 굳은 다짐을 하게 만들어 준다. 타인을 위한 일이 결국엔 나에게 훨씬 큰 빛으로 돌아온다는 걸 당신도 느낄 수 있길 바라며.

끝내 쓰기를 선택하다

    좋아하는 게 생기면 자연스레 잘하고 싶어지게 된다. 좋아하게 되는 그 순간부터 그것에 대한 내 마음은 이전과 사뭇 달라진다.

    마치 사랑에 빠진 사람 같아진다고나 할까. 자꾸만 생각나고, 어떻게든 잘해보고 싶고, 인정받으려고 발버둥 치게 되고, 어떻게 하면 그도 나를 좋아하게 될까 매일같이 고민하느라 애가 바짝 닳는다. 양쪽 모두가 같은 마음이라면 더할 나위 없이 좋을 텐데, 한 방향으로 흘러가는 사랑은 때때로 마음을 푹 하고 찌른다. 단지 좋아할 뿐인데, 아파질 때가 한두 번이 아니다.

    나에게 글쓰기가 그런 존재다. 좋아하면 할수록, 잘하고 싶어 발버둥 치면 칠수록, 내 마음은 와르르 무너지고야 만다. 상대가 사람이라면 '어떻게 하면 나 좀 받아 줄래?' 하고 물어라도 볼 텐데, 이건 참 쉽지가 않다. 살면서 여러 취미를 가졌었다. 손으로 만든 것에 마음을 곧잘 빼앗기는 편이라 미싱, 자수, 마크라메와 같은 취미활동을 좋아했다. 둘둘 말려 있는 천이, 털 뭉치로 엉켜 있던 실이 아름다운 작품이 되어가는 그 과정이 좋았다. 삐뚤고 엉성해도 마냥 예쁘기만 했다. 핸드메이드의 매력이리라. 내가 만든 파우치에 화장품을 넣어 다니고, 직접 짠 마크라메 작품을 벽 한쪽에 걸어 두며 만족하곤 했다. 지금도 우리 집 곳곳엔 내가 만든 작품들이 걸려 있다. 물론 어딘가 살짝 모자란듯한 모습으로.

집에 놀러 온 손님이 그것을 조금이라도 오래 응시하면 곧장 떼서 손에 쥐여주었다. 아깝지 않았다. '남의 집에 걸린 나의 작품이라니.' 엄마를 흉내 내는 어린아이처럼, 예술가를 흉내 내며 즐거워하곤 했다. 누군가에게 선물할 때도 오브제처럼 내가 만든 무언가를 얹곤 했는데, 덕분에 지금 내 집에 남은 작품은 예전에 비하면 절반도 되질 않는다.

처음 시작할 때만 해도 '평생 취미'로 삼겠다는 다짐을 했다. 홀랑 빼앗긴 이 마음은 돌아올 리 없을 거라 여기며. 이렇게 빠르고 쉽게 마음이 변할 줄은 나 역시 미처 예상하지 못했다.

내 방 한쪽에 먼지가 켜켜이 쌓인 채 방치된 실뭉치와 천 조각이 나를 향해 손가락질하는 것 같다.

'야! 어떻게 사랑이 그렇게 쉽게 변하냐?'

일 년도 채 되지 않아 보든 것에 권태를 느꼈다. 무얼 해도 재미있지가 않았다. 더 잘 만들곤 싶었지만, 나의 시간과 노력을 쏟아야겠다는 생각은 들지 않았다. 그렇게 하나, 둘 방치되었다.

그런데 이상하게도 글쓰기만큼은 달랐다. 쓰면 쓸수록 만족스러운 것이 아니라 애가 바짝 닳아 올랐는데도 말이다. 쓸 때마다 어렵다고 생각하면서도 끝내 글 하나를 완성해 냈는데 그게 어느 날엔 기쁨과 성취감이 되기도 하고 또 어느 날엔 불만족스러운 결과물이 되기도 했다. 늘 좋지만은 않았지만 '그만하고 싶어'라는 생각은 들지 않았다.

조금이라도 더 잘 쓰고 싶어 글쓰기 책을 뒤져보고, 강의를 찾아보았다. 아쉬운 대로 남편에게 내가 쓴 글을 내보이며 '이건 좀 어때?' 하고 묻곤 했다. 이렇게나 구차하게 매달린 적이 있었나….

연애에선 더 많이 좋아하는 사람이 지는 거라는 말을 들은 적이 있다. 상처받으면서도 끝내 포기하지 못하는 쪽은 언제나 더 많이 좋아하는 사람이니까.

취미활동이라고 다르지 않은 것 같다. 내가 정말 좋아하니 도무지 접을 수가 없다. '이 정도에서 그만할래!' 하고 접어버린 숱한 취미활동들은 '진짜 좋아했던 것'이 아니었는지도 모르겠다.

요즘엔 잘 노는 사람이 성공한다는 말이 있다. 자신이 좋아하는 일로 밥까지 벌어 먹고사는 사람을 최고로 여기는 추세다. 재능으로 밥벌이를 하는 그들 이을 보고 있자면 내 몸 정중앙이 뜨끈뜨끈, 울컥해지고 만다. 부러움이리라. 돈을 잘 버는 것도 물론 부럽지만, 그보다 나를 애달프게 만드는 사실은 돈이 될 만한 능력을 갖췄다는 사실이다. 자본주의적 관점으론 능력을 평가하는 보편적인 방법이 '돈'이기도 하니까. 필요로 하면, 마음을 빼앗기면 결국엔 돈을 내고서라도 그것을 얻고 싶어 하니까. '인정' 받는 그들이 너무나 부러웠다.

이미 쓰는 일로 돈을 버는 이들은 나에게 그런 말을 할지도 모르겠다. 쓰기로 온전히 먹고사는 작가는 얼마 없으며, 다른 직업을 갖지 않는 이상 작가로 생계를 꾸려나가기 힘들다고. 하지만 여전히 발만 동동 구르며 애태우고 있는 나에겐 쓰는 행위로 어떠한 형태로든 인정받는 그들이 무척 부러운 건 어쩔 수가 없다. 취미로 시작한 글쓰기에 이토록 목매고 있는 걸 보면, 이젠 취미 그 이상이 된 것 같다는 생각이 문득문득 든다.

지난번, 브런치에서 열린 작가 지원 프로젝트에 신청했었다. 보기 좋게 떨어졌다. 지난 수상작들을 보면서 이건 내가 넘빌 깜이 안 될 것 같다고 생각해 놓고선 막상 결과가 나오니, 한대 얻어맞은 것 같다. 프로젝트를 통해 대단한 무언가를 얻고 싶은 건 아니었다. 책 한 권 낸다고 인생이 180도 달라지지 않는다는 것 또한 잘 알고 있다. 단지 '네 글도 읽을만한 구석이 있구나.' 인정받고 싶었다.

남편이 건조하게 건네는 "그래, 그래, 잘 썼네." 말고, 나 스스로가 '아! 정말 잘 쓰고 있는 건가?' 하고 인정할 수 있을 만한 그런 칭찬 같은 것. 한 며칠 괜히 마음이 울적했다. 고백했다가 차였을 때도 이랬던가. 아니 그때보다 더 쓰라린 것 같기도 하고.

190

또 한번은 어느 문학사에 수필을 제출한 적이 있었다. 그리고 그 문학사로부터 내 글이 합격하였다는 문자를 받았지만 끝내 내 손으로 그 합격을 '취소'해야만 했다. 모든 문학계가 그런 것은 아니지만 돈을 내야지 등단으로 인정해 주는 문학사도 있다는 걸 그제야 처음 알게 된 것이다.

납부의 여부에 따라 최종적으로 등단이 결정된다는 것에 대해 좋고 나쁨을 따지고 싶진 않다. 단지 아직 나의 글로 단 한 푼도 벌어보지 못했는데 글도 내고, 돈도 내는 것은 굉장히 억울하다는 생각이 들었다. 물론 이번 계기로 '등단 현실'에 대해 알게 되었으니 얻은 것이 단 하나도 없는 건 아니다. 게다가 글을 공모전에 내려고 여러 번 수정하고, 들여다보는 작업을 통해 조금 더 성장했을 것임이 분명하기도 하고. 하지만 역시나 마음 한구석이 씁쓸한 것은 어쩔 수 없는 일이기도 했다.

그때 내가 나를 위해 했던 일은 결국 또 쓰는 것이었다. 예전보다 더욱 열심히 쓰기로 결심까지 하며. 그렇게 '2020 글쓰기 프로젝트'라는 거창한 이름을 걸고 나 혼자 글을 써 내려가는 중이다. 이름만 거창할 뿐 책 한 권을 읽고 그 책에 영감을 받은 글을 한 달에 4편씩 쓰는 것이다.

삶을 참 힘들게 만드는 것 중 하나가 '자의식'이라는 말을 어디선가 읽은 적이 있다. 자기 자신에 대한 의식, 타인이 나를 어떻게 보는가, 나를 어떻게 평가하는가 하는 인정 욕망.

마크라메나 미싱을 할 땐 그것이 내 뜻대로 되지 않는다고 마음이 와르르 무너져 내리진 않았다. 나보다 잘하는 누군가를 보며 애달픈 적도 없었다. 그런데 어째 글쓰기만큼은 그렇지가 않다. 와르르, 우르르 쾅쾅, 주룩주룩, 흔들흔들. 아무래도 글쓰기엔 나의 존재가 실려 있는 것이 분명하다.

내 글이 낙방하는 꼴을 보면서 며칠을 울적해 했던 이유는 글이 곧 나였기 때문인 것 같다. '글'이 아니라 '나'가 부정당한 것 같았다. 낙방이 내게 준 고마운 점이 있다면 바로 그것이기도 하다.

'아, 나의 무게가 엄청나게 실려 있는 존재를 찾았다.'

인정받고 싶어 하는 그 마음이 실력을 끌어올리는 데 한몫하는 것도 사실이지만 그것이 너무 과하게 되면 스스로를 파괴해 버리기도 한단다. 파괴가 아닌 성장을 위한 묵묵한 한 걸음을 내딛자는 결심을 했다.

내가 글을 쓰기 시작한 첫 번째 이유를 다시 한번 자신에게 속삭여 주었다. '그 모든 일의 시작은 존재에 대한 사랑이었나니.' 나를 더욱 사랑하고자, 타인을 조금 더 이해하고자, 세상을 너른 품을 끌어 안아보고자 글을 쓰기 시작하였다. 마음이 갈대처럼 흔들리거나, 툭 하고 부러지는 날 그러한 사실에 온 마음을 집중한다. 성장의 순간이기도 하리라.

쓰기를 끝내 놓지 않아야지 다짐했다. 성장이라는 키워드가 내 삶에 살아있는 한, 읽고 쓰기는 나를 성장시켜줄 것이 분명하니까.

쓰기 위해서 삶 구석구석을 들여다볼 수 있게 되었고, 구석구석 닿은 나의 시선은 삶을 더욱 잘 살아내야겠다는 다짐을 하게 해주었다. 선순환이란 것은 아마 이런 것을 두고 하는 말이지 싶다.

며칠 동안 한 줄의 글도 쓰지 않고 지낼 때도 있고, 쓰다가 욱해져서 노트북을 덮어버릴 때도 있지만 결국 나는 자리에 앉게 된다. 거창한 글은 아니지만 내 마음과 생각이, 삶을 살아내는데 필요한 숱한 감정이 손끝에서 흘러나오는데, 그게 그렇게나 살아가는 데힘이 되어준다.

그것 하나만으로도 써야 할 이유로서 충분하지 않은가. 내 삶에 보탬이 되는, 살아가는 데 더 없이 힘이 되는 분명한 행위. 결국, 나를 더 나은 인간으로 살아가게끔 부추기는 보이지 않는 선생. 괜찮아, 뭐 그럴 수도 있지! 하고 너른 품을 내어주는 따스한 버팀목.

삶의 풍파에 흔들리고, 무너져도 다시 일어날 수 있을 거라는 확고한 믿음을 내어준 덕분에 나의 삶을, 아직 살아내지 않은 모든 날을 웃으며 기대할 수 있게 되었다.

'가장 훌륭한 시는 아직 쓰이지 않았다. 가장 아름다운 노래는 아직 불리지 않았다. 최고의 날은 아직 살지 않은 날들. 가장 넓은 바다는 아직 항해하지 않았고, 가장 먼 여행은 아직 끝나지 않았다.' 읽을 때마다 힘이 되는 시 '나짐 히크메트의 진정한 여행'의 한 대목이 유난히 생각나는 밤이다.

마치는 글

"엄마는 공부해! 공부!"

아이들 보다 조금 일찍 일어나 책상 앞에 앉아 있다 보면 어느새 방문이 빼꼼히 열립니다. 그리곤 엄마가 공부하는 중이라며 참새처럼 재잘대지요.

"공부는 아니고, 너 일러주는 중이야."

아이는 꿈에도 모르겠지요. 엄마는 프로급 고자질쟁이라는 것을요. 아이의 방문에 노트북을 접곤 자리를 일어납니다. 비워낸 마음을 또다시 가득 채우러 가는 거지요.

어떤 것이든 받아들일 준비가 된 덕에, 꽤 너른 마음의 자리를 확보해 둔 덕에 어느 순간 갑자기 펑! 하고 터지는 일은 잘 일어나지 않습니다. 물론 힐끗거리며 쩨려보거나, "이러면 엄마 화낸다!"고 하며 협박하는 일은 하루에도 몇 번이나 일어나긴 하지만요. 가만히 보고 있으면 '쟤들이 나를 화나게 만들려고 작정을 하고 있나?' 싶은 생각이 들 때가 있는데 그럴 때면 어김없이 안도의 한숨을 내쉬곤 합니다.

'쓰지 않았더라면 우리 집엔 매일 같이 고함이 끊이지 않았겠지!'

'치솟은 화 때문에 기쁨의 순간까지 검게 보였을 것이 뻔해.'

육아에 모든 걸 쏟아부어야 하는 시기가 있습니다. 눈을 뜨면서부터 감을 때까지 온종일 아이에게 나를 던져주어야 했던 그 시기, 돌파구가 필요했습니다. 아이와 함께하는 시간은 행복하지만, 엄마의 일은 힘들 때가 많았으니까요. 아이는 예뻤지만, 육아는 슬플 때가 때때로 찾아왔으니까요.

고자질 노트, 그러니까 '쓰는 일'은 돌파구의 역할을 훌륭하게 수행해 주었습니다. 아무렴요. 내 속에 하나, 둘 화가 쌓이고, 속상함이 쌓이고, 억울함 같은 것이 넘쳐나려고 할 때 펼쳤던 하얀 종이는 그야말로 '감정 쓰레기통' 역할을 충실히 해주었습니다.

'그래, 그래. 어디 한번 마음껏 토해내 봐. 다 버리고 가!' 하고 말이지요. 엄마라면 어김없이 느끼게 되는 죄책감과 자책 같은 것들도 그곳으로 집어 던졌습니다.

'내가 이렇게 열심히 하고 있는데!' 하면서요.

무얼 적어도 다 받아 주는 나만의 노트 덕분에 마음의 건강을 지킬 수 있었습니다.

시간이 한참 흐른 뒤, 내가 적은 것들을 가만히 읽어보면 '참 별 것도 아닌 거로 화가 났었네!' 하는 순간들이 있어요. 그 당시엔 아주 큰 일이었는데 말이지요. 아마 앞으로 똑같은 일 생기면 '흥! 지난번이랑 비슷한 일이군!' 하면서 유연하게 대처하는 자신을 발견할 수 있을 겁니다. 써 보면 알 수 있지요. 쓰기만큼 마음의 힘을 길러주는 일이 없다는 것을요. 그 마음의 힘이 결국 '엄마의 인내'를 키워줄 것이며 '더 나은 인간'이 될 수 있도록 도와줄 것입니다.

또한, 고자질 노트엔 '버리는 것' 말고 '간직해야 할 것' 역시 쌓여갈 것입니다. 처음엔 일러바치려고, 치솟는 화를 토해내기 위해서 노트를 펼쳤는데 쓰다 보니 귀했던 순간 역시 적고 있게 되더라고요.

'그래도 오늘은 나에게 폭 안기어 엄마가 좋아라고 말을 했다.'

'천방지축 종일 힘들게 하였지만, 말썽을 부리는 그 건강함이 감사하다.'

생각해 보면 굉장히 소중한 순간인데 일상 속에선 느끼지 못하고 지나가는 것이 많습니다. 밥을 짓느라 바쁜 순간, 아이가 달려와 "나도 같이할래요."라고 말하는 것 같은 일 말이지요. 팔팔 끓는 국과 싱크대 위에 올려진 칼 같은 것 때문에 "안 돼, 저리 가서 놀고 있어. 위험해."라고 귀찮은 듯 무심히 말하고 지나갔는데 가만히 쓰면서 떠오른 것이지요.

엄마와 함께하겠다는 마음, 엄마의 일을 도와주고 싶다는 그 마음이 얼마나 예쁘고 고마운 일인지를!

'내일은 식사 준비를 할 때 아이에게 달걀을 풀어달라고 꼭 부탁해야지.' 나도 모르게 그런 다짐을 하게 됩니다.

보려고 노력하지 않으면 볼 수 없는 반짝임이 있습니다. 일상의 사소한 일은 너무나 작고 당연한 듯 보여 늘 놓치게 됩니다. 그것들이 나의 삶을 밝혀줄 가장 빛나는 빛이라는 걸 잊는 것이지요.

아이가 아침에 방긋 웃으며 일어나 준 것, 내 품에 쏙 들어와 안겨 있었던 시간, 오늘도 다치지 않고, 아프지 않고 잘 지내준 일 같은 것.

엄마의 고자질 노트엔 소소하지만 소중한 순간 역시 적혀 있어요. 하루하루가 똑같아 가끔은 지긋지긋하게 느껴지는 날이 사실은 감사와 기쁨, 매일 다른 빛깔, 향기로 가득 하다는 것을 깨달을 수 있지요. '순간이라는 시간'을 귀하게 여기실 수 있을 겁니다. 기쁨과 행복은 바로 '지금, 이 순간'에 가득하다는 걸 알게 될 것입니다.

쓰기 시작하고 난 후부터 삶이 조금씩 바뀌기 시작했습니다. 쓴다는 행위엔 기록으로 남긴다는 것 이상의 의미가 있더군요. 쓰기 시작하면서 나를 자세히 들여다볼 수 있었어요. 아주 사소한 것, 내가 가장 좋아하는 계절은 가을이라는 사실 같은 것부터 굉장히 중 대한 것, 내 삶의 가치 같은 것까지 말이지요. 혼자 가만히 앉아 있다 보면 자신에게 묻게 되지요.

'넌 그래서 아이들이 크고 나면 뭘 하고 싶은데?'라는 질문 같은 것요. 적으면서 생각해 보는 겁니다.

내가 한 질문에 대답하는 일. '자아 성찰'이라는 것은 그렇게 시작되는 것이지요.

관계의 밀도는 타인과 나 사이에만 존재하는 것이 아닙니다. '엄마인 나'와 '나로서의 나' 사이에도 밀도가 존재하지요. 저는 그 두 '나'가 아주 긴밀한 밀도를 가졌으면 합니다. 서로를 도와주고, 응원해 주고, 믿어주면서 함께 성장할 수 있길 바라거든요. 엄마로서 글을 써 내려가기도 하고, 나로서 글을 쓰기도 하면서 그렇게 서로를 이해해 주는 것이지요. 그 과정은 분명히 나의 구석구석을 들여다볼 기회가 되어줄 것입니다. '나'를 사랑해 주는 아주 확실한 방법이 쓰기라는 것을 알게 될 테지요.

여러분들 역시 그렇게 자신을 사랑해 갈 수 있다면 좋겠습니다. 내면 깊숙한 곳을 쓰다듬어 주며, 진심으로 자신의 삶을 껴안아 줄 수 있다면 좋겠습니다. 삶 곳곳에 숨어 있는 반짝이는 행복을 발견할 수 있다면 좋겠습니다.

엄마의 넋두리를 끄적이는 일이 여러분의 삶을 밝게 비춰주길
진심으로 바랍니다.

고자질이 빛이 되길 바라며

장정민